楽しく働き続ける、
それが人生の成功者

大工のすすめ

平成建設 社長
秋元久雄

PHP

はじめに

本当に美しいものは数が少なく、値打ちがある。

本当に良いものは丹精込めて、手間ひまかけてつくられ、丈夫で長持ちする。

そして美しいもの、良いものは自然と調和する。

私が創業し、今経営している会社は、こうした芸術性と職人性、倫理性を兼ね備えた最高の会社だと自負している。


このままでは日本で大工が絶滅してしまうという危機感を抱いていた私は、平成元（一九八九）年に大工や職人を内製化する会社「株式会社平成建設」（本社・静岡県沼津市）を立ち上げた。

つまり社内において大工や職人を育てるという、それまで誰も為し得なかった唯一無二の起業をしたのである。

この時、「そんなことは到底成り立たない」「無謀だ」と周囲から言われたけど、私は全然気にしなかった。

なぜかと言うと、〝人を育てること〟こそが企業人としての使命だと、確信を抱いていたから。

ある時、ガツンと頭を殴られたような、ショックを受けた言葉がある。それを知った時、「これだ!」と感じたものだった。明治・大正期の政治家、後藤新平の言葉だが、以後、私の座右の銘となった。

後藤新平曰《いわ》く――

『金を残して死ぬ者は下、仕事を残して死ぬ者は中、人を残して死ぬ者は上』

実際に後藤自身が数々のベンチャー企業の起業家を支援し、優れた人材を抜擢して配置し、拓殖大学学長、ボーイスカウト日本連盟初代総長など、その生涯を人材の育成に捧げた人だった。

この言葉を原点として私は平成建設をつくったと言い切ってもいい。

今の世の中は特にそういう傾向になってきたけど、我を強く押し出してお金ばかり貯めたがる企業家が少なくない。しかも、そんな人に価値を見出して目標にする若い人たちも多くなってきたんじゃないか。

でも私にしてみれば、彼らは経済的成功者かもしれないけど、さすがに〝下〟とまでは言わないが、人間的には〝上の下〟に見えてしまう。実際に彼らのような人を見て実感するのは、お金稼ぎを目的化した人生なんてどこが面白いんだろうってこと。

それから、世の中にはいつまで経ってもずーっと仕事を続けられる人がいる。とにかく前だけを見て突き進んでいる人だが、ものづくりをしている芸術家に多い。

こんなふうに仕事を続け、後世に残せる人は〝上の下〟よりずっといいが、評価としては〝上の中〟である。「え？　そうなの？　仕事を残せたら最高じゃないか」と言う人もいるだろうけど、上には上がいる。

じゃあ〝上の上〟の人というのはどういう人なのか？

それは社会の役に立つ人材を、数多く育て上げた人のことである。育てられた人材は明る未来を築いて、人々を幸せにすることに貢献する。

私はそういう〃上の上〃を目標として、後藤新平のように生きようと決心して起業した。人を育てる人生が最高の人生だ。みんな主人公になりたがるが、そんな生き方だけが上ではないのである。

人を育てて、残す。口で言うのは簡単だが、実際はなかなか大変なことだ。特に大工や職人を社内で育成するなんて、メチャクチャお金がかかるし時間も要する。

でも、私には必ず成功するという自信があった。

何よりチャレンジすることが生きがいであり、人生そのものであったから、新しい道を切り拓こうと、燃え上がるばかりであった。


戦後は経済優先の世の中になり、日本は走り続けてきた。

高度経済成長にともなって効率化が図られ、アウトソーシング（外部委託）に依存する建設業界になってしまった。大工や職人は作業員として、大企業の駒として扱われた。業界の営業マンだった私は、それを目の当たりにして、

「このままでは建築に携わる大工も職人もいずれはいなくなってしまうゾ」

という危惧を抱いた。

祖父も父も大工だった。木造建築を通して「日本文化を支えてきたのは大工だ」「大工は素晴らしい仕事だ」と、子どもの頃から聞かされて育った。このまま絶滅していく姿を指をくわえて見ているわけにもいかなかった。

自然と大工や職人を内製化するという発想に至った。もちろんビジネスとしても勝算はあった。いずれは高度で良質な建築の仕事が一手に引き受けられ、安定した業績が得られると考えたのだ。


結果を言えば起業以来、業績を伸ばし続け、コロナ禍も乗り越え、今期は最高益となる見込みである。驚く人もいるかもしれないけど、私にしてみればこれは思惑通りで、必然でしかないのだ。お金や仕事を残すのではなく、優れた人材を残そうと挑戦し続けたことが、社会から支持された結果であろう。何しろこんなことをしてきた会社は他にないのだから。

希少価値という意味においては、平成建設はそのままあてはまる。芸術とは希少価値でもあるが、時代がどれだけ変わろうが、価値が上がることはあっても下がることはない。ダ・ヴィンチの『モナリザ』やゴッホの『ひまわり』の価値が下がったと聞いたためしはない。優れた芸術は時代に関係なく常に鑑賞する人々の心を潤し、感動を呼び起こす。これは世の中の動かし難い真実であるし、平成建設もそうだと言いたい。

日本では、いまだに大企業ほど安定していて良いというイメージで、「大企業に属しているかどうか」が評価の対象になるが、果たしてこれは正しいのか？

小さな船に乗るより大きな船に乗ったほうが安全だというのだが、私に言わせればまったく逆だ。

小さな会社でも少数精鋭ともなれば、長く厳しい経済状況にあっても手を取り合い、内部留保によって食いつなぐこともできる。それに小回りがきくので方針転換も容易に図れて危機を乗り越えられる。でも大企業はそれができずに、結局はリストラの嵐が巻き起こってしまう。人数が多くなればなるほど沈む可能性のある船に、どうして乗りたがるんだろうってこと。

〝人は宝〟だとよく企業のトップは口にするけど、リストラをしている一方でそのような言葉を吐いても説得力は皆無だ。所詮は会社組織の温存のために人材をないがしろにしたということ。現実に〝人は宝〟だという行動を起こさなければ〝画に描いた餅〟であり、きれいごとにすぎないのだ。

会社とは、お客さまと社員のためにあるべきだ。ひいてはそれが社会のためにもなる。株主や投資家、経営者のためにあるのではないんだと、強く思う。

平成建設とは私がつくった第一級の芸術品だ。この本ではそんな芸術品を鑑賞してもらい、一人でも多くの次世代を担う若者たちの心に響いてくれれば幸いであるし、とにかくまあそんなに儲けようとしなくても、こんなふうにやったら、生きたら、死ぬまで楽しくやっていけるよっていう、そんなことを感じてもらえたらいいねって思っている。

編集協力――松下隆一
装丁――萩原弦一郎（256）

大工のすすめ

目次

第1章　真に強い会社

第2章 平成建設の履歴書

第3章

大工のすすめ

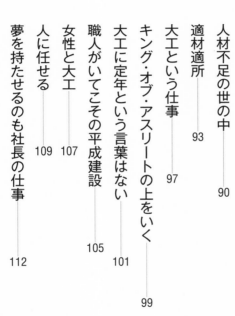

第4章 営業とは何か

第5章 経営者として大切なもの

第1章

真に強い会社

大きな船は沈む

「どうすれば楽しい人生を送れるんだろう？」

私は常々、若い人たちにこのことを真剣に考えてほしいと願っている。

その答えとして、

「遊びが仕事だから楽しい」

と言えたら最高ではないかな。

言い方を変えるなら、

「趣味が仕事で、仕事が趣味なんだ」

と言えるような職業に就《つ》いてほしい。

しかも、死ぬまで続けられるような職業であれば理想的ではないだろうか。

でも世の中のほとんどの人たちは、その逆の生き方をしていると感じる。

安定した生活、安定した収入を得るために、いい大学に入って大企業に入ることを理想とし、最大の目標にしている。世の中が、親たちが、それが最高だとする価値観に満ちているから仕方がないのかもしれない。

目標を達成して大企業に入り、「出世して高い給料をもらうゾ」「トップになろう」「もっと大きい会社にしよう」などと夢見て頑張ろうと、志を高く持って入社した若者はその後どうなるか。

昇進していくプロセスで派閥抗争や権力争いに強制参加させられ、みんな〝汚れ〟ていく。減点主義なので部下や他の社員たちから成果を取り上げ、自らの手を汚さないようにしつつ我がものにしようとする。昇進すること、トップになることが目的化され、いつしかお客さまのため、会社を良くするためといった思いはどこへやら。気づいたら定年を迎えて、「俺はいったい何のために生きてきたのだろう」と人生を振り返る。私は若い人たちにはこういう生き方をしてほしくはない。

日頃から私は、

「大勢で乗る船は危険だから乗るな！」

と言い続けている。

どんなに大きな船でも、人数が多くなると沈んでしまう可能性がある。今の時代――コロナ禍を経験して特に強く感じるが――大企業こそ危ないと思う。

かつて景気のいい時代は、ものをつくれば売れて、稼がない社員でもそこそこの報酬をもらうことができた。でも今の状況はまったく違う。大企業は肥大化しすぎて、成長する余地もなくなってきた。伸び代《しろ》がゼロに近くなり、ましてや不祥事を起こし、コロナ禍のような予期しない事態に巻き込まれてしまえばどうなるか。やがては抱え込みすぎた社員を食べさせることができなくなる。兵糧が尽き、事業規模の縮小、報酬のカット、リストラの嵐が巻き起こることになる。

我が身にそうした災難が降りかかってから「しまった！」と思っても、その時はもう遅い。やり直しのきく年齢ならまだしも、中高年ともなれば途方に暮れるしかないかもしれない。

これでは楽しい人生を送るどころではなくなってしまう。

それを思えば、中小企業は少数精鋭であるからこそ、長期戦になっても知恵を出し合い工夫して絆を強めて危機を乗り越えていける。小回りもきくので大胆な方針転換も可能だし、少人数だから大きく利益を出さなくても食べていける。

だから、「あの船は大きいから安全だ」「みんなが乗っているから大丈夫だろう」といった考えは捨てるべきだ。タイタニック号のような巨大な船でも、船長が判断を誤り、構造的にも欠陥があれば沈没してしまうのである。大きいから安全だなんてことはまるでない。むしろ小さくても丈夫で高性能な船に乗ったほうが絶対にいい。


それから私はブームには絶対にのらない。

夏になると「こりゃクソ暑くなるから、かき氷が売れるゾ！」ってかき氷を売る。冬は「寒くなるからおでんだ！」っておでんを売る。

私はそういうのは絶対にやらない。流行りとかブームにのっかるのが大嫌いなのだ。だからずいぶん前から「オリンピックのブームになんかのりたくない」と言っているし、公共事業にも参加しない。

なぜなら、祭りのあとの寂しさを知っているから。

ブームはいつか去るものだ。ハコモノというのはそのあとが大事で、その時は儲かるけど維持費がどうしてもかかってくる。

また、一九六四年の東京オリンピックのあと、オリンピック景気で過剰な投資をやったはいいが、回収できずに多額の負債を抱え込んだ建設業者が相次いで倒産したのを私は覚えている。今回の東京オリンピック・パラリンピックでも同じ状態になると見ていたが、コロナ禍がそれに追い討ちをかけるのではないか。

深く考えもせずにみんながやってよさそうだからと便乗するのは、自分を捨てるのと同じことだ。その結果、みんながダメになってしまう。

流行していることはすでに時代遅れなのだと思っていたほうがいい。

最近はSNSで発信された情報に大勢がなびく傾向にある。みんな質ではなく数で判断しているのだ。それでなくても日本人は、

「ほかの人もしているから大丈夫だろう」

と、みんなと一緒であることに安心感を覚える。だからこそ大企業に入ったり、公務員になりたがる人も多い。

私は若い人より少しばかり多くの経験をしているし、いろんな人たちを見てきて言えるのは、

「チャレンジしない人生はつまらない」

ということ。

成功の鍵はコツコツやる地道な努力

効率化もそうだが、スピード化も今のビジネス界では重要視され、良しとされているけど、本当にそうなのかと言いたくなる。急成長した会社が急降下した姿を私はいくつも見てきてそう感じる。

スピードアップして品質を保てればいいけど、結果的に期日を急がされるあまりに不祥事を起こしたり、偽装したり、欠陥品を出したりする。車でもスピードを出しすぎると事故を起こすのは子どもでもわかることだ。

その危険性をバブル崩壊で私たちは経験しているはずなのに、どうも最近の日本人は目先の利益を焦《あせ》って追求するあまり、過去の失敗を忘れてしまうようだ。

バブル崩壊後、下落して底値になった土地を買い、開発・分譲して急成長した不動産デベロッパーはいくつもあった。一躍「時の人」「成功者」と称されマスコミに取り上げられる経営者もたくさんいた。

当時は大企業がリストラと称して土地をたくさん手放したので、安く仕入れることができた。銀行やファンドもお金を貸してくれ、ゼネコンも支払いを待ってくれたので、資金力がなくても右肩上がりの成長ができたというカラクリだった。

ところがそうやって成り上がった会社は次々に倒産したのだ。資材の値上がりで建築コストが上がり、買い手がつかなくなったところに、銀行やファンドが資金を回収し始めて資金が一気にショートしてしまった。

結局、地に足のついていない、土台のない会社は、何か問題が起きれば耐え切れずにすぐに倒れてしまう。急成長する会社は安定とはほど遠いと実感したものだった。

経営とは常に一〇年、二〇年先を見据えて、じっくりと土台を固めていかなくてはいけない。経営者は長期的視野に立って目標を達成するために、今年は何をすべきか、来年は何をすべきかを決める。そうすることでどんな問題が起きようとも揺るぎない基礎ができるはずだ。

平成建設では時間をかけて大工や職人を教育している。それどころか、最高の大工になろうと思えば死ぬまで勉強しなければならない。そうしなければ満足のいく仕事ができないからである。無理にスピードを上げて習得すれば品質が落ちるのは必至だ。

ふつうの若い人はみんなカメよりウサギになろうとする。だが不思議なもので、優秀な大工の素質を持った若い人ほどコツコツと地道な努力を続けるのだ。力のある人間が努力をするのだから鬼に金棒である。

大工や職人の世界はスピードを競うものではなく、あくまで品質で勝負するのだ。いかにじっくりと時間をかけて腕を鍛え上げ、はるか上にある到達点を目標に頑張るかだ。

それを象徴するように、平成建設では「急がば回れ」をモットーとしている。お客さまや社会からの信用を得るには、地道にコツコツと積み上げる。これまでもそうやってきて成功したが、これからもその方針には変わりはないのである。

AIに勝つスキル

繰り返しになるけど、仕事と遊びが表裏一体化したような職業に就き、長く健康で楽しく働けることが理想的な生き方だと私は考える。

だがそのためにはどうしても努力は必要不可欠となる。楽しく働くという中には、目的や目標を持つってことを含むからだ。

そして努力をするということは、〝スキルを身につけること〟である。

私はよく「会社員にはなるな」と言う。それは、会社はあくまで手段にすぎないのであって、本当に大事なことは、会社という場で研鑽を積み、〝スキル〟を身につけることが目的だからだ。

この先、少子高齢化が進むと、国自体が年金や医療費などの負担に耐え切れなくなり、必然的に個人それぞれに大きな負担がかかることは目に見えている。そうなった時、行政や身内、友人知人らに迷惑をかけてまで生きていきたいだろうか?

私は、若い人たちにはそうした虚しい人生を歩んでほしくはないと考えている。だからこそスキルを身につけることが大切で、結論を言えば、スキルを身につければ〝遊びが仕事〟のようになって楽しく生きられるのである。

これは以前から就職活動中の学生たちにも語っているけど、かつてＪＡＬ（日本航空）

が実質的に倒産した際、リストラされた客室乗務員たちは路頭に迷うどころか高級ホテルをはじめ引く手数多《あまた》で、再就職するのにまったく困ることはなかったという。なぜなら彼女、彼らのサービスにおけるスキルは、超がつくほどの一流のホテルやレストランでも十分に通用するからだ。語学に長《た》け、作法、マナーも完璧だ。もちろん給料もほとんど変わらないでいける。

コロナ禍においても航空事業が立ち行かなくなった時、様々な大手サービス業に客室乗務員たちが派遣されたが、各方面で活躍したことは記憶に新しい。彼ら彼女たちの仕事はアイコンタクトだけですべてがわかって仕事ができるような、ＡＩやロボットにはとてもできない高度な気配り、目配りなのだ。

現在の工業化、作業員化の甚《はなは》だしさというのは、自分自身が部品と化して工場でさらに部品をつくっているみたいだ。しかも、自分がつくっている部品が何に使われているのか知らないでつくっている人たちがいっぱいいるという現実というのは……。

人間が人間らしくない生き方をさせられて、言葉はきつくなるけど、餌を与えられる家畜のようになってしまっている。人に利用されているという家畜に、だ。

それは自由に生きている動物なんかとは全然違う。営利社会になればなるほど、増えていく家畜だと私は思っている。

ましてやすでにＡＩの時代が到来している。

お客さまとの簡単な応対や単純作業などはＡＩに取って代わられつつある。今後はさらに拍車がかかり、人々の手から労働が奪われていくことになるに違いない。体験によって蓄積された記憶力も必要ない、帳簿をつける能力もほとんどいらないという仕事は、今後ＡＩが担っていくのは想像に難くない。少子高齢化による人手不足、コロナ禍における非接触の生活はさらにＡＩ化に拍車をかけるだろう。

何よりＡＩは単純作業なら完璧だ。気のきかないアルバイトの人などよりはるかに役に立つ。

飲食店に行くと、空のコップを替えないといけない時に、見て見ぬふりをしているか見ようともしないスタッフが近頃は多くなった。行きは持っていくだけ、片付ける時は片付けるだけの最低限の仕事をするのみ。これだとロボットが笑顔さえ浮かべて行きも帰りも完璧にこなしてくれれば、高い人件費のかかるアルバイトなど必要ないというものだ。

結構多い勘違いは、スキルとキャリアを混同している人が多いということ。どれだけ長く大企業に勤めていたとしても、それは単なるキャリアであって、仕事ができる能力とは何も関係がなく、肝心のスキルがなければ役には立たないのである。

スキルを問うているのに、「○○会社（大企業）に勤めていました」と答えるのはお門違いというものである。

だからぜひ、若い人たちにはスキルを身につけてほしい。スキルさえあれば、健康ならいつまでも、どこででも働いて食べていける。しかも好きな仕事で、望まれて働くわけだからこんなに楽しいことはない。

スキルは自らの人生を豊かにし、人々を幸せにすると言い切ってもいい。

なぜ平成建設なのか

なぜ単純労働をＡＩ化し効率化を図ろうとするのか？

答えは言うまでもないが、その根底には極端な経済偏重の風潮がある。お金の豊かさが人間の豊かさだと勘違いしている人が増えてきたのだ。経済こそが最優先事項になっている、危険な時代になってきているとも言えよう。

その結果、一部の企業だけが大きな利益を得て、一部の人たちだけが豊かになり、貧富の差がますます大きくなる。資本が資本を生み出すだけで、格差社会が助長される。当然ながら働いている人たちは豊かさを享受できない。

大企業に勤めていても、そこの一員になっているだけで、早い話が〝企業の道具〟に成り下がっているわけだ。社会の道具になるならまだしも、ただ企業に従属させられている存在になる。国や社会への従属はあるけど、産業に従属するのは人間としてあり得ない。企業の言いなりになっていては、仕事にやりがいを感じず、誇りも持てないのである。

建設業界においても経済最優先の分業化が進んだ結果、ゼネコンやハウスメーカーは単純な工法に走っていった。工業化により、プレカット製品を現場に持ち込み、組み立てるだけの作業になった。プレカットというのは、前もって切るということ。

本来なら大工が墨をつけて鋸《のこぎり》で切り、ノミや鉋《かんな》で削ったりしていた木材を、今はコンピューターに入力して機械が事前に切ったものを現場に持ち込んで組み立てるだけなので、効率的に住宅ができてしまう。組み立て時の釘も機械で打ち込むので難しい技術は一切必要ない。

住宅ローンが簡単に組めるようになり、多くの人たちが家を建てられるようになった。そうなればどれだけ数がつくれるかが勝負となる。建設業界ではスピード化、効率化が最優先の課題となり、必然的に大工や職人の腕が落ち、衰退していくというわけである。

つまり、こうして大工や職人が、作業員化してしまったのだ。これでは大工や職人は育たないどころか減少するばかりで、建設業はやりがいのない、魅力のない仕事になってしまうのは必定である。

これは建築業界に限らないと思うけど、大工や職人のように人間が知恵を絞り、工夫してものをつくることは、先に書いたスキルに結びつき、ひいては人生を豊かにする。確かに生きていくには経済は大切だが、同時に心の豊かさ、充実感を得なければ働く意味はないのではないだろうか。

そういう精神をもとに、私は平成建設を立ち上げたとも言えるのだ。

最近ではこうした私の考え方に共感し、入社してくれる若者も増えてきた。大工になりたい七割の学生が、ピンポイントで「平成建設で働きたい」と志望してくれている。しかも東大や京大、大学院卒といった、昔では大工になるなど考えられなかった高学歴層の、優秀な人材が続々と入社している。

そもそも本当にその仕事がやりたいのなら、いい親方につきたいといったように、企業規模の大小より、質を求めるはずだ。私なら、車を本当につくりたいのなら、大衆車を量産している会社ではなく、ポルシェのような会社に行くだろう。

平成建設に就職するということはやりがいのある質を求めるということであり、同時に高度なスキルを身につけたいという挑戦、気概でもある。そして高度なスキルによって高額な報酬、働きがい、誇りをも得ることができる。

平成建設はスキルを身につけた、優れた職人集団である。ここで言う職人とはプロフェッショナルを指す。職人、プロフェッショナルというのは、一つの仕事を自分の力でちゃんと完結させられる人のことだと思う。仕事をする人はすべからく職人、プロフェッショナルであるべきだと私は考えるが、その象徴的存在としての平成建設という会社があるのだと思う。

ライバルがいない会社

そもそも大手のハウスメーカーって数を売らなければならないから、購買層の中でも一番層が厚いところに照準を定めなければならない。先にも書いたが、利益を確保するために徹底的な工業化によってコストダウンを図っている。もし当社がそれに対抗しようとしたなら、価格競争になるから、大手と同じようにマニュアル化して効率化を促すしかない。でもそれは、私が一番やりたくないことだ。

人（社員やお客さま）を大切にする、スキルを身につけるといった、平成建設の根本的なテーマから大きく逸脱してしまうからである。

建設業界では今現在も中小企業は大手企業と同じやり方で仕事をしている。それではとても太刀打ちできないと思う。大胆に差別化できないと生き残ってはいけない。平成建設は大工と職人の内製化を掲げて、誰も足を踏み入れたことのない原野を切り拓いて突き進んでいる。

平成建設は唯一無二、オンリーワンの会社である。平成建設の規模で大工や職人を内製化している会社は他には存在しない。もとより海外の大工は比較にならないのだから、競合する相手はいないということになる。

しかも当社では、相見積もりを取って価格競争をするような一般住宅の仕事はやらない。なぜなら、相見積もりの場合は仕事が取れるのが一社だけなので、取れなかった時に、それまでにかかった見積もりコストのツケを、社員や建物の質、ましてやお客さまに回すわけにはいかないからだ。

コスト面で言えば、平成建設では安さではなくあくまで品質で勝負している。だから必然的にニッチな層、つまり全体のわずか数パーセントという富裕層向けの住宅をメインとして手掛けることになる。

世の中は少数の人間が富の多くを所有し、多数の人間が少なく所有するというのが古今東西の変わらぬ事実である。しかもその少数のパーセンテージはいつの世でも変わらない。したがって住宅にしても、価格競争に巻き込まれることなく、安定した数の取引が見込めるということになる。いつまでも品質の良さで勝負できるというわけだ。

平成建設では価格の安さではなく、お客さまが満足する品質で勝負する。これが平成建設たる所以《ゆえん》である。

ただ、満ち足りているお客さまは、予算があっても自らが家を建てる動機がなければ建てようとは思わない。だから我々が営業する時は、「こんな家なら住んでみたい」という家をこちらから提案する。

ゆとりのあるお客さまの多くが趣味を持っている。料理や茶道、盆栽や骨董、絵画など、日頃から文化芸術に触れられているのならば、茶道や日本庭園が楽しめる家、絵画を飾りたくなるような家といった提案をさせてもらい、

「こんな家ならぜひとも欲しい」と共感していただく。

私は自称〝特級建築士〟である。

国家資格の一級建築士、二級建築士というのは、お客さまの要望を何とか図面にするくらいの人、もしくはその要望をちょっと変化させて、まとめあげる人。私の場合は、口頭だけで、相手の頭の中に完璧にイメージできる図面を描いてあげられる。

そうすると相手はそれまで自分でも気づかない欲求に目覚めて、私のプランを頼みたくなる――これが特級建築士のなせる技だが、この資格は私しか持っていないと言い添えて

おこう。要するに図面を見るまでもなく言葉でイメージさせるのだ。

もちろん私だけでなく、建築に関わる社員たちも、お客さまのイメージ以上の住宅を提案できるように日々研鑽を積んで努力をしている。

こんなふうに仕事をやっていくと、価格競争に明け暮れる一般住宅を販売する時のように、何とか買ってもらいたいがためにお客さまに対し過度にへりくだる必要もないわけである。いわばお客さまと対等に語り合うビジネスを展開させることで、お客さまが満足するのはもちろん、社員も無駄に疲弊しないでやりがいを感じる仕事ができるのだ。

だいたい世の中には――本当の意味で――安くていいものなどは存在しない。安くていいものを提供したツケは、必ず社員に回る。給料やボーナスをカットされ、待遇に悪影響を及ぼす。儲かるのは株主と経営者だけだ。表向きは「社会のため、人のために会社はあるんです」と言っておきながら、陰では逆をやって、社員や社会から搾取している。この矛盾が平然とまかり通っているのが今の世の中と言わざるを得ない。それは私が一番嫌うビジネスのやり方だ。

余談めいた話をしてしまったが、とにかくこのような業態なので、平成建設にはライバルなど存在しない。いるとすれば当社自身がライバルだ。いつでも今の平成建設を乗り越えるために頑張っている。だからこれまで右肩上がりの業績を続けてきたのだと思っている。

大工を育てる

平成建設の強みは、何と言っても大工や職人を内製化しているということである。でも、会社の中で大工を育てるのは並大抵のことではない。先にも書いたが、会社を立ち上げる時にそれを話すと、

「それは不可能だ。仕事のない時の人件費はどうするの」
「必要な時に外注に頼んだほうが効率がいいよ」

と、すべての人が否定した。

ところが私は自他ともに認めるほどのへそ曲がりだ。みんなが右へ行くなら左に行くし、「ダメだ」と言うならやってみたくなる。あとに書くが、営業マン時代も誰も真似しないようなやり方でトップクラスになった。

となれば、内製化にチャレンジするしか選択肢はなかった。大事なことは借り物の人の頭ではなく、自分の頭で考え抜くことだ。失敗すると言われれば知恵と工夫で何とか成功させるしかない。

そもそも誰もやっていないのに、ダメだとどうしてわかるんだ？

ただ内製化の難しさについては理解していた。大工は半年や一年くらい社内研修をやれば、マスターできるといった生易しい技術・技能ではないのだ。早い話、費用対効果が難しく、一人前の大工に育て上げるまでの収入が問題となる。

一般の企業が専門性の高い技術者を採用する際、対象となる人材は大学や大学院で学び、入社の時点ですでに高い技術力を身につけているものである。つまり、技術を学んでいる間は公的資金や保護者のお金で成り立っているのであって、大工を内製化するにあたってはそのコストまでを会社が負担しなくてはいけないということ。

つまり、言葉では内製化と簡単に言えるが、現実的にやろうとするとコスト面で大変なリスクを背負う覚悟を必要とするから、誰もやろうとしないのである。

ではこの内製化システムを維持するためにはどうすればいいのか？

答えは明白だ。〝いい仕事〟を取り続けることであり、私はそれを実行した。創業以来、大工になりたいという若者たちが増えていくにつれて仕事の規模も大きくなり、結果、業績も上がっていった。体制を維持するために青息吐息で続けているのではなく、逆に好循環を生み出していると言ってもいい。

大工や職人の具体的な育て方、システムというのも確立されている。

まず、幼稚園児を大学教授が教えられないのと同じで、大工の棟梁が大工一年生を教えることはあり得ない。一流の言葉は一流に近いポジションにいる者だから理解できるのであって、二流、三流では本当の意味で理解はできない。レベルアップするプロセス、段階を無視してはならないのである。

平成建設では、棟梁は一〇年生クラスを教え、一年生は兄貴分の二、三年生が教える。何もわからなかった一年生時代を、まだ生々しく覚えている者が教えるのだから理にかなっている。また、兄貴分なら棟梁のように雲の上の存在ではないから、一年生は気軽に質問を投げかけたり相談したりできるものだ。

このやり方を別の角度から見れば、継続して大工や職人志望の若者を採用し続け、育て続けているということである。大企業ならともかく、中小企業で採用と教育を体系的に整えようと思うとかなりしんどいのは事実だ。

会社によっては業績が落ちたがために、新規採用を数年にわたって見送ったりもしている。でもこれは会社にとってはいいことではない。たとえば一〇年間採用していなかったあとに入社した新人は三〇代の社員が指導することになる。ところが三〇代の社員は教えた経験がないから教えられないのだ。さらにその上の社員もその三〇代の社員を一〇年以上も前に教えたくらいだから教え方も忘れてしまっている。

こうなると仕事の質が落ちていくのは目に見えている。

だからどんなに少ない人数でも、継続して採用し続けることが会社にとって必要なのである。継続は力なりということを忘れて、目先の利益を求めるばかりに経営者が突然採用を増やしたり止めたりするのはいけない。

どう教えるのかは指示せず、ただ「お前たちに任せる」とだけ私は教育する側の社員には言ってある。そうすれば責任がともなうから、自らの知恵を絞って必死に考えて教えるだろう。

そんな中で、ある現場で教育、指導するベテランは、

「技術面はなかなかマニュアル通りにはいかない。昔から体で覚えるというのがあるので

大工の育成

個人差がある。自分がやっていることをそのまま真似しろとは言えない。自分と同じようになれと言っても無理がある」と言っている。

相手の個性に合わせた教育や指導は難しいが、成長を感じることで教える側もやりがいを覚えるものだ。その彼は、

「新入社員で入ってきた人が、第一線で現場監督としてたくましく成長した姿を見るとすごくうれしい。自分よりも役職が上になっても、自分が指導した人がどんどん幹部になっていくのは大歓迎だ」とも、本音として話すのだ。

こうした言葉を聞くと、私としても内製化は成功だったと心底思う。制度的にもモチベーションという意味でも、これで間違いないと確信を抱くのだ。

学べる会社

とはいえ、会社は学校ではないので、仕事を進める中での教育となると実際は難しい面もある。宿命的に時間＝効率という、つまり必ずお金に跳ね返ってくるからだ。自分の仕

事を抱えながら、単純に時間をやりくりして育てようとすれば、「成り立たなくなるのでは？」と危惧する人もあるだろう。

だが、その心配は無用である。試行錯誤するうちに、いかに効率的に教えるか、学ぶかという、双方に知恵を使い工夫し始めるからだ。教えるといっても手取り足取り教えるやり方もあるだろうが、一番いいのは、やっていく中で〝自分で学ぶこと〟の大切さを教えるのである。

究極的には、教えなければならないという考え方ではなく、やりがいを持っていきいきと働いている自分の背中を見せればいいのである。そうなれば教わる側もそんなふうに早くなりたいと感じて、いっそう吸収力を高めてスピードアップするだろう。私はこれが一番の社内教育であると考えている。

平成建設では大工や職人の部署だけでなく、営業や総務などでも、上司が仕事を楽しくできる環境づくりに努めている。これも大工や職人を内製化する組織だからこそ培われた社風であろうかと思う。結束力、団結力という意味においては一般の会社よりも強く、働きやすい会社だと自負している。

平成建設を訪れた人から社内の雰囲気が「明るくていいですね」とたびたびお褒めの言葉を頂戴するが、それはやはり楽しく仕事をするという空気に満ちているからだ。好きな仕事を楽しんでやる。『論語』で言うところの「之を好む者は、之を楽しむ者に如かず」(好む者より、楽しむ者が勝っている)といったことで、それはスキルを磨いて伸ばしている感覚が肌で感じられるからだろう。

大工の場合、こうした社内徒弟的な教育の結果、学び始めて四、五年の間の進歩、進化は目覚ましいものがあるが、それを過ぎると上昇率が緩やかになり、一〇年経つと状況が変わってくる。

その頃には仕事の質が格段に上がり、本当に頭脳で勝負しなくてはいけないからである。技能だけでなく、図面や構造を見て自分自身の頭で判断しなくてはいけない局面が数多く生まれる。つまり知恵が必要になり、当然、勉強して努力を積み重ねないとついていけなくなるのである。

そこで威力を発揮するのが前述したスキルを身につけた上での、〝仕事が楽しい〟という感覚かと思う。楽しければいかなる努力も厭《いと》わないものだろうし、多少のことではへこ

平成建設の社屋外観と開放的な社内風景

たれないで頑張れるはずだ。

楽しく遊ぶように仕事をすることが、人を鍛え上げ、育ててくれる。

このようなことからも、大工や職人の内製化とは経済ではなく、人材最優先の試みだとおわかりいただけたかと思う。

風通しをよくする人事制度

大工や職人の内製化とともに、平成建設では他社にはない人事制度がある。

まずは「チーフリーダー制度」。

これは年に一度、各部署全員で投票し、自分たちのリーダー、すなわち部長（チーフリーダー）を選ぶのである。営業部なら営業部長を、設計部なら設計部長を選ぶわけだが、多くが取締役を兼ねているので、選ばれなければその時点で終わり、無役となってしまう。平たく言えば、自分の上司を自分で選ぶということ。上司にとっては大変だが、部下にとってはベストな制度だと言える。

次いで選ばれたチーフリーダーは、自分の右腕となるリーダー、左腕のサブリーダーを任命して自分の仕事が円滑に進めるようにする。自分たちの選んだチーフリーダーだから納得するし、不平不満も出ない。これは働きやすい職場の第一歩だと言える。

面白いのは必ずしも抜きん出て仕事のできる人や、人気のある人が選ばれるのではないということ。社員たちは冷静な目で〝信頼できる人〟〝ついていける人〟〝公平な人〟を見極め、人心を把握して統率力のある人物を選んでいる。だいたい尊敬もできない考えも合わない上司の下で働くことほどつまらないことはない。選ばれたほうにしても、部下から選ばれているんだから疑心暗鬼にならないで安心してリーダーシップを発揮できるというわけ。

またこの制度において、数年にわたって同じチーフリーダーが選ばれるのは健全とは言えないと思っている。なぜなら、それは後継者を育てていないということになるからである。管理者は次世代のリーダーを育てる義務がある。何年たっても対抗馬が出ないのは、育成義務を果たしていないということでもある。こうした問題を浮き彫りにする意味においても本制度は有効である。

次は「三六〇度評価制度」。

一般の企業では人事部や特定の上司だけが人事査定を行うが、これだと評価が偏《かたよ》る危険性がある。また感情的な好き嫌いという主観で判断されることもあるかもしれないが、人事査定にそういう人情を持ち込むのは非常に危険だ。公正な人事査定ができなくなる。私がこの人事制度を導入したのは、「彼は東大出だ」とか「彼女は性格がいい」といった人情を排除して、公平公正な人事査定をするためだ。

会社の人事査定というものはシンプルに、仕事に対して〝できるかできないか〟〝有益性があるかないか〟だけなのである。しかも半年、一年といった期限内での成果の判断でなければならない。「もともと彼は真面目だから」とか「昔、大失敗したことがある」とか、それが期限外のことなら査定対象の評価とはならない。

さらには人間性も関係がない。人間性がいいからといって仕事ができる保証はない。営利社会で聖人みたいな人間が上に立てるとは到底思えない。そういう人は教育者とか宗教家に向いているのであって、利益を追求する仕事には向いていない。逆に言えば、高い報酬を目的としてはいけない人種だ。

ともあれ早い話が、できる社員が正当な評価を受けられない不満によって辞めるのは、会社にとっても大きな損失ってこと。

そこで平成建設では、毎年春と秋の二回にわたり、部門内と関連部署の上司・同僚・部下たち約一〇名が、一人（チーフリーダーも含めて）を人事査定する。〝部下の相談にのっているか〟〝クレーム処理は的確か〟など、約三〇項目にわたり、仕事ぶりを数値化して人事査定を透明化するのである。

「まわりの人たちすべての評価を受ける」ということから「三六〇度評価制度」と呼ぶのだが、このシステムによって公平公正な人事が可能となり、評価が偏るリスクを避けている。

また、この制度によって「自分はこんなふうに見られていたのか」という〝気づき〟につながり、反省し、言動に反映される。特に下からの評価というものはシビアなので、上の者にとっては学びになるかと思う。

驚かれるかもしれないが、この人事制度は社長の私自身にも適用される。私の考え方や行動、経営方針など約三五項目、毎年春と秋に、主任以上の社員に評価してもらう。具体的には、

「仕事における採算を考えているか」
「リーダーとしての統率力はあるか」
「問題のある幹部を側近としていないか」

などといったことに対し、自由記入のコメントとともに点数がつけられる。

なぜこんなことを始めたかというと、会社をどんな方向に持っていくかといった長期ビジョンを示すのは、社長としての大切な仕事なので私が決めるが、そのほかのことについては社員の意思を反映しながら会社を経営していきたいと考えたからだ。

もちろん落第点を取れば社長の座を譲らなければならないのだ。幸か不幸か、今までにそういったことはなかったが、自分自身の行いを省みるいいきっかけになっている。ちなみに私自身は部下の査定を行っていない。部下が社長に対して何を書いても査定に跳ね返ってくることはないから、みんな正直にコメントを書いてくる。だから経営の参考にさせてもらっている。

なぜこんなにあり得ないような人事評価制度を採用したのか。それは私の経験に尽きる。若い頃、私には学歴もスキルも経験もなかったから、営業をやるしかなかった。評価されるためにはがむしゃらに頑張って売り上げを、数字を上げて実績をつくるしかなかった。その結果、常にトップセールスを誇ったが、数字を評価されて給料は上がったものの、満足な地位を得ることはなく、一匹狼のままだった。

その時に感じたのが公平公正な人事制度というものは一部の上からの評価ではなく、下からの評価だということ。企業の常識などは関係なかった。ただただ社員が主役の会社をつくりたいという思いがそうさせたと言えるかもしれない。

これらの制度によって、三七歳の若さで部長職になった者もいるし、逆に部長から降格となってどこの部署からも引き取り手がなくなることもある。ただ、降格の場合はそれなりの原因があるのであって、手を抜かず、サボっていないで頑張って努力していれば、まずそのような事態にはならない。

この制度で一番いいのは、何と言っても上司や社長にゴマをする必要がないということだ。上を見て仕事をするのではなく、お客さまや会社のために働くことに専念できる。だから私も毎日会社に出向く必要がないのだ。ゴマをする要領のいい人間は私のいる前だけで頑張ろうとするが、この制度ならそんなことも起きないというわけである。

とにかく仕事に専念して一生懸命働いていれば、まわりはきちんと評価してくれる。それが一番理にかなったことだ。

しかも三六〇度ともなれば、上の人、下の人、同僚、技術力のある人、営業力のある人、男性、女性、若い人、ベテランなど、ありとあらゆる立場の人から査定される。誰も気づかないようなその人の良さが評価されることもある。

人事は会社の命運を握ると言ってもいい。

この完璧とも言える制度も、大工や職人の内製化とともに、平成建設の誇るべき制度だと自負している。

社員たちのために

〝人は宝〟という思いはいつも私の頭の中にある。

でもそれを口で言うのは簡単なことだ。どうすれば社員たちに喜んでもらえるのか日々考え、思いついたプランは実行するようにしている。

本社の敷地内には、たっぷりの飲めるくらいきれいな湧き水が出ている。これを有効利用できないかと社員たちにプランを出させたが、たとえば消火栓としてどこへでも放水や散水ができるようにとか、池に引いたり、スプリンクラーで庭の草木に散水するとか、通りいっぺんの発想ばかりで私には物足りなかった。

そこで私が風呂をつくるという提案をしたわけである。天井の高い、何人も足を伸ばして入れる広々とした檜風呂にしたが、当初は誰が入るのかと訝《いぶか》しがられたものだった。ところがいざフタを開けてみれば、仕事終わりの社員や近くに住む寮生、中には来客や就職活動中の学生までが記念にと入り、きれいさっぱり汗を流して帰り、大盛況となったのである。今では当社の名物となっている。

もう一つの自慢は社員食堂である。

私は一〇代から二〇代にかけて、ウエイトリフティングに青春をかけていた。そんな中でバランスの良い美味しい食事がパワーの源であると実感していた。だから社員のみんなにもそうした食事を提供したいと常日頃考えていた。ということで、ある時、すでにあった社員食堂を改築して中華レストランを開いたのである。

しかも私が自らスカウトしてきた腕利きの料理人なので味はお墨付きだ。一食五〇〇円という、安くて美味しくてボリューム満点、その上おかみさんの気遣いまであり、独身者には大変ありがたい社員食堂となっている。若い男性社員ならご飯を二杯、三杯とおかわりするのは当たり前だ。

費用対効果はともかく、気持ちのいい風呂と美味い飯があれば、「明日もやるぞ！」と活力になることは間違いなく、十二分に貢献していると思っている。

コロナ禍を乗り越えるために

コロナ禍によって建設業界全体の業績は悪化の一途をたどっている。

東京オリンピック・パラリンピックが一年延びた上、インバウンドの顧客も見込めなくなり、ホテルや旅館、民泊といったハコモノ利用が厳しくなった。

また住宅業界も苦しい。コロナ禍で働けない人間に融資することはないし、さらにはウッドショックと呼ばれる状況が起きている。コロナ禍にともなうテレワークの拡大や、低金利政策などを背景に、アメリカや中国で住宅の建設ラッシュとなっているからだ。

さらに木材を運搬する海運の需給が逼迫し輸入が難しくなってきたことから、世界的に木材が品薄状態になっているのだ。結果、輸入木材に頼ってきたハウスメーカーの住宅建設の工期が遅れ、ローコストで建てられるはずの日本の住宅で使う木材が二、三割も値上がりしている。ハウスメーカーの住宅は材料費のウエイトが大きい。だから安い木材の奪い合いになり、値段が上がって苦しくなっている。

他方、当社では国内産の高級木材を使っているから、材料費が上がることもなく安定して供給できるので影響は少ないのだ。

今後の住宅業界は規模を縮小していかなければ苦しくなるだろう。もし縮小しないとすれば下請けの業者はもっと苦しくなる。材料の原価が上がって値段攻勢をやるからだ。すでに省力化には限界がきているから、そのしわ寄せは下請け業者に全部いく。

さらには地方の工務店などは採用競争に後れをとっているから、深刻な人材不足に陥っている。

平成建設の売上高と社員数の推移

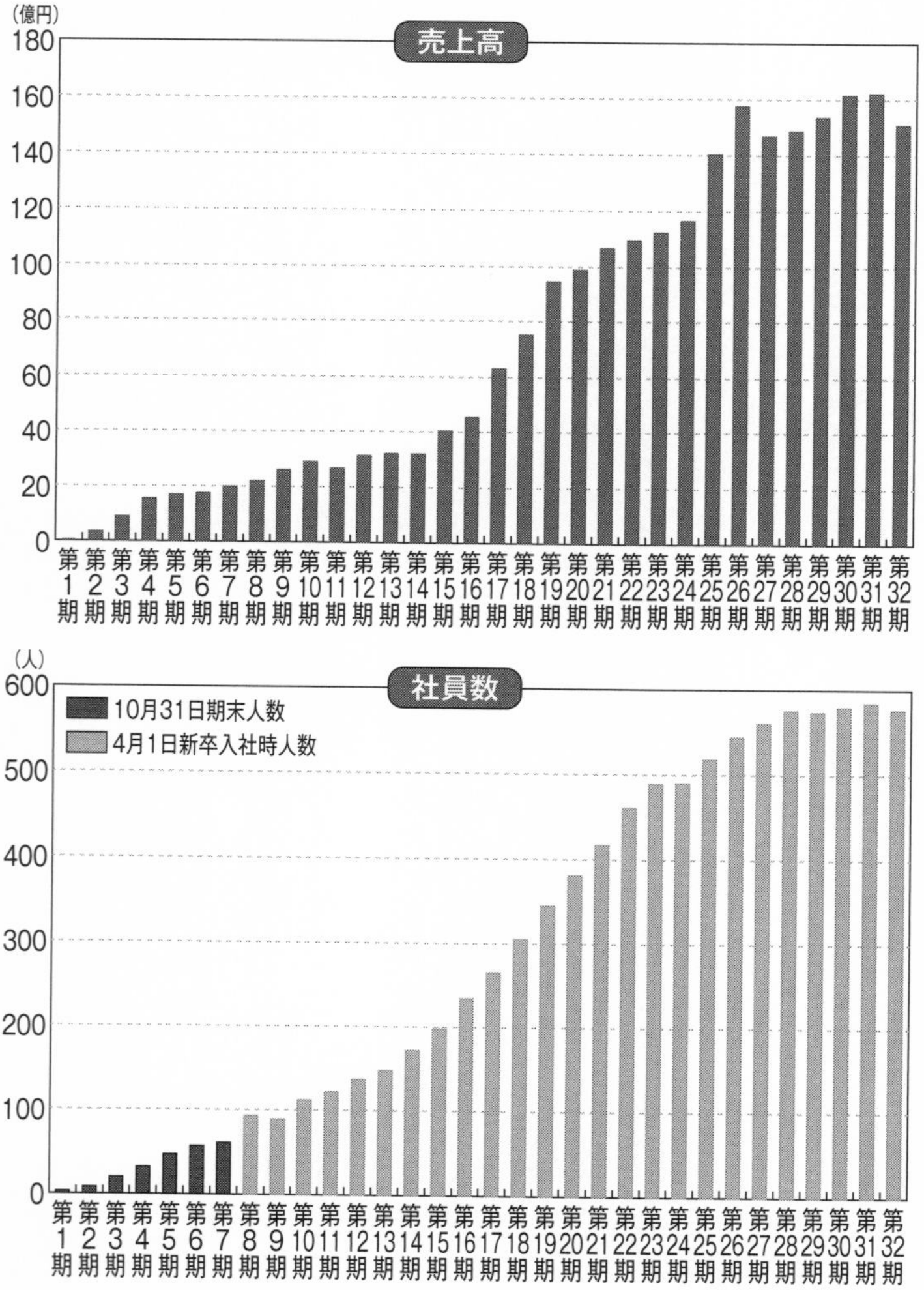

売上高
(億円)
180
160
140
120
100
80
60
40
20
0
第1期 第2期 第3期 第4期 第5期 第6期 第7期 第8期 第9期 第10期 第11期 第12期 第13期 第14期 第15期 第16期 第17期 第18期 第19期 第20期 第21期 第22期 第23期 第24期 第25期 第26期 第27期 第28期 第29期 第30期 第31期 第32期
社員数
(人)
600
500
400
300
200
100
0
10月31日期末人数
4月1日新卒入社時人数
第1期 第2期 第3期 第4期 第5期 第6期 第7期 第8期 第9期 第10期 第11期 第12期 第13期 第14期 第15期 第16期 第17期 第18期 第19期 第20期 第21期 第22期 第23期 第24期 第25期 第26期 第27期 第28期 第29期 第30期 第31期 第32期

コロナ禍は、一時は当社の業績にも影響を及ぼした。それは建設を予定していた物件がコロナ禍の影響により、建設が中止された原因によるものである。だがそれも一時的なことで、今期と来期の売り上げは好調で、来期は最高益に達する予定である。これも世の中の景気に左右されない富裕層を顧客としているおかげである。

ましてやどのような危機に対しても平成建設は強みを発揮して乗り越える。

その根底にはやはり金儲け主義ではなく人材主義ということ。少数精鋭が乗る船であり、大手企業と違って社員が一丸となって協力して問題を打破していく知恵や工夫があり、意欲に満ちているからであり、コロナ禍によってそれが証明されたにすぎないと私は考えている。

第2章

平成建設の履歴書

大工一家に生まれついて

私は建設業界では「異端児」と呼ばれている。自分としてはふつうにやっているつもりだが、業界的には常識外れなのだそうである。

大工や職人の内製化という、無謀、実現不可能とも言われたシステムを構築したこともあるが、それ以前に私はどうも人と同じことをやるのが嫌で、常に独自路線を貫く生き方をしてきたせいかもしれない。先にも書いたが、私自身は当たり前だと思ってやっていることが、どうも世間ではそうではないらしいのである。

才気あふれる若い人たちの中には、周囲との考え方のズレに、心密かに悩んでいる人もいるかもしれない。世の中の常識に馴染めず、むしろ非常識の中にこそ魅力を感じている人もいるだろう。そうした若い人を私は大歓迎したいし、「まったく心配無用だ」と言ってあげたい。

本当の意味で優秀で個性的な若者なら、大企業などに入社しようと思わず、自ら起業するはずである。少し優秀な若者なら小さな会社に入って大きくしようとするだろう。そして才能に乏しい若者に限って大企業に入ろうとする。

だから、こんなはずではなかったと孤独な心境に苛《さいな》まれる若い人に対しては、「大丈夫だ。私みたいな人間でもそれなりにやってこられたのだから」と言ってあげたい。

私の若い頃といえば、挫折して心が折れそうになったことが何度となくあった。だがそのたびにマイナスをプラスに転じる発想をして、それなりの努力をして乗り越えてきた。いろんなところで私の若き日を披歴しているが、ここであらためて紹介して、ぜひ独自の生き方を見つけて、多少のことでは挫けない、あきらめない精神の参考にしてもらえればと思う。

静岡県伊豆市修善寺。自然豊かな温泉地でも知られるこの土地で、一九四八（昭和二三）年一〇月一五日に私は生まれた。もともと祖父が大工の棟梁であり、その息子、つまり私の父親の友吉もその後を継いで棟梁となり、小さいながら建設会社を立ち上げた。一族が大工一家で、夕飯時には祖父、父親、時には大工のいとこもまじって毎晩のように建築の話で盛り上がった。

「久雄、お前も大工になれ。日本の文化をつくったのは大工なんだぞ。この国は攻めることはできないと外国人に思わせるため、時の為政者が権力を示すために素晴らしい建築物をつくったのさ。大工は頭が良くなくちゃできない。歴史や文化への造詣はもちろん、技術力、指導力、美意識、感性の鋭さに一流のものが求められる。男が一生をかけるのにふさわしい仕事だ」

私は父親からことあるごとにこう言われてきた。

そして大工の仕事についても、

「俺たちは仕事が楽しくて仕方がないんだよ。いい家を建てたあとの達成感は何ものにも代え難いし、何よりも人様が喜んでくださる。こんなにいい商売はないよ」と言うのである。

こういう環境であったから、子ども心に大工の仕事に対する敬意と誇りを肌で感じていたものだった。そのまま素直に育ったなら間違いなく大工になったのだろうが、私にはそのつもりがさらさらなかった。

今でこそ強面《こわもて》風で通り、いかついと思われているが、子ども時代は勉強はそこそこできるものの、腕が細いことにコンプレックスを抱いているような、いわゆる〝もやしっ子〟だった。高所も苦手で、とても大工には向いていないと考えていた。

だが父親は大工になってくれることを切に願っていた。後を継ぐならと、当時は若者がほとんど持っていない自家用車を買ってやると言われたこともある。でもその当時からへそ曲がりで、自分自身の生き方を誰にも左右されたくないという信念を持っていた私は、車に釣られるような男ではなかった。

ちょっと変わった子ども

どんな子ども時代だったのかと、興味津々に訊かれることが少なくない。それだけ変わり者だと思われているのだろうが、今にして思えば、ふつうの子どもとはちょっと違っていたように思う。

とにかく人と同じようにやるのが嫌だった。

遊ぶにしても自分でルールをつくりたかった。いわゆるローカルルールというか、メンコ遊びにしても自分の頭でオリジナルのルールを考えるのである。まあ好きなようにやりたいというわがままでもあったのだろうが、とにかく大勢の中に入って同じことをやるのが気持ち悪くてできなかったのである。よく言えば創意工夫をすることが好きだったのだが、単に集団行動が苦手だったということかもしれない。ともあれその根っこはその頃からまったく変わらず今に至っている。

中学生の頃、父親や姉からせしめた小遣いを元手に、ちょっとした商売をしていた。小学校時代から収集していた切手に着想を得たのだが、同級生や当時家に下宿していた高校生の手を借りて、卸業者から仕入れた切手を高校生相手に売っていたのである。なかなかいい商売で、よく驚かれるが、当時のサラリーマンの月給ほど売り上げていた。

あの頃は鉄屑拾いがポピュラーな小遣い稼ぎだったのだが、そんなものは誰でもやれるから競争になり、実入りが少なくなると考えた。そこで競争相手のいない切手販売を考えたのである。

すでに切手ブームが終わりにさしかかっていたので、早くやらないといけなかった。まだ切手の発行枚数が少ない時代であり、みんなの手に行き渡らないなら必ず値が上がると先読みして捌《さば》いたのだった。

当時はもともと郵政省で発行していたのが二〇〇万枚で、そうなるとみんなに行き渡らないのでストックされることで値が上がっていった。ところが、儲かるとわかると郵政省が八〇〇万枚から一二〇〇万枚に増やす。これをわずか一〇年くらいの間でやったものだから、切手の価値が下がり商売にならなくなった。


というわけで、少なからず商売の恩恵にあずかった私はもうひと儲けしようと、今度はサボテンの栽培を始めた。小さなサボテンが一〇〇〇円もすることに目をつけたのだが、結果的には失敗に終わった。値段のいいサボテンは環境に繊細で寒さに弱く、なかなか増えなかった。逆にアロエのような安い植物は踏んづけても増える。でも安いから売れても利益が出ない。ペットショップもそうだが、生きものを扱う商売で大成功した人は聞いたことがない。

この失敗から学んだのは、希少なものを商売にするのは難しいということだった。希少なものを芸術品に置き換えてもいい。それでも、希少価値のあるものは今に至るまで私を魅了し続けている。

青春をかけたウエイトリフティング

人間は若いうちに何かに取り憑かれたように夢中になるものが一つはあるように思う。青春をかけるものというか、私の場合、それがウエイトリフティングだった。

一九六四年に開催された東京オリンピックで重量挙げ（ウエイトリフティング）のテレビ中継を見たのが始まりだった。中でも金メダルを取った三宅義信選手の姿を見て、「やりたい！」と思ったのだ。

もともと、いわゆるもやしっ子で、華奢で細い体をしていた。夏になると細い二の腕が見える半袖を着るのが嫌でしょうがなかった。それまでも鍛えるために自室で筋トレはしていたのだけど、オリンピックを見てからはウエイトリフティングに夢中になり、出場を夢見て高校では自ら部を立ち上げるほど熱中したのだった。

独学で研究し、明けても暮れてもバーベルを挙げ続け、その結果、インターハイに出場するまでになった。

ウエイトリフティングにかける若き日の秋元

順調にいけば大学でも競技を続けていたのだろうが、その頃に父親の会社が倒産したために進学ができなくなった。

「(その時は)ショックだったでしょう?」とよく言われるが、自分の会社が倒産したわけでもなく、小遣いをせびりにくくなったくらいで悲壮感の欠片《かけら》もなかった。

とにかくウエイトリフティングを続けるための進路をどうしようかと考えた。大学に行くにしても、奨学金で入学金から授業料などをまかなったとしても、授業や競技の傍らとなると生活費を稼ぐアルバイトもしづらい。あとはウエイトリフティングをやるだけなら警視庁、公務員になるという選択肢もあったが、高卒の身で先々のことを考えるとその進路もベストとは言えない。

いろいろと考えた末、出した答えが自衛隊体育学校に行くことだった。そこは陸上自衛隊朝霞駐屯地内にあるトップアスリートを養成する学校で、金メダリストの三宅義信選手も所属していた。インターハイでも一位か二位クラスの選手でないと入れないエリート集団であり、当時の私の実績ではストレートで入るのは無理だった。

そこでいったん自衛隊に入り、新隊員教育を受けて優秀な成績を修め、朝霞駐屯地への配属を希望してかなえられた。そして中隊長に頼んで自衛隊体育学校のウエイトリフティングの練習を一緒にさせてもらったのだった。

ここで私は生涯忘れえぬ恩師と出会っている。ウエイトリフティング界では名指導者として知られた神谷公夫氏である。

この方の経歴も異色で、もとは高校チャンピオンだったが医者の家系で医大に入ったものの中退し、ウエイトリフティングをやるために他の大学に入り直した。実績を積み上げたあと、指導者として三宅選手ら名選手を育て上げ、ウエイトリフティングに携わる者なら、その名を知らない者はいないと言われるほどの方だった。

私は神谷さんと懇意になると官舎をたびたび訪れ、ウエイトリフティングだけでなく、天文学や芸術、医学など、いろんなことについて教わった。神谷さんからも「いつでも来なさい」と言ってもらえて、練習にも自由に参加させてもらった。

神谷さんとは私が自衛隊を辞めたあとも交流が続き、仲人まで引き受けてもらい、仕事のことなど何かあるごとに相談にのってもらうなど、長い付き合いになった。

挫折から学ぶ

その後、練習する姿勢が認められ、晴れて自衛隊体育学校に入り、四年間在籍した。結論から言うと、オリンピックの道は想像以上に険しく、行き着くことができなかった。そこで学んだことは、世界で戦えるアスリートは超人的な努力をするということだった。いや、断っておくと、私も努力はした。ただそれは九〇パーセントの努力であり、残りの一〇パーセントの努力をしなかった。

でも、三宅選手などはそれをやっていたのだ。

圧倒的な練習量で、世界記録など、練習中に何十回と見た。逆に試合では一〇〇パーセントの実力を発揮できない。それでも優勝するのだ。絶対に勝てるというところまで自分を追い込んで練習をするという努力をしていた。

さらには勝つための準備も周到にぬかりなくやっていた。今でこそアスリートはトレーナーなどを連れて栄養管理にも気を配っているが、五〇年前の当時はそんな発想はなかった。でも三宅さんはメキシコオリンピックの時などは、日本から米や水、薬などを持ち込んだ。勝利に対する執念をそこに見た気がして勉強になったものだ。

「俺みたいなのを採用して、教官の目も曇ってたね」と、後年神谷さんに冗談めかして言ったことがある。すると神谷さんは、

「それは違う。お前は努力が足りない。努力が足りないから途中でダメになったんだ」と言われたが、確かにあと少しの努力が足りなかったと思う。

ただ冷静に考えてみれば、結局、私はウエイトリフティングには向いていなかったのだろう。知恵を使う素質はあったと思うが、もともとの肉体的素質には恵まれていなかった。だが、自分で選んだ道を安易にあきらめるわけにはいかなかったのだ。自分なりに努力して、七五キロ級で一六〇キロのバーベルを持ちあげることができた。全日本止まりだったが、向いていない者でもここまでやれたんだという自信に結びついた。ある程度時間をもらえれば、何をやっても〝できる〟という気持ちになった。

他にもウエイトリフティングで学んだことは数多くある。まずスポーツは筋肉バカでは

ダメだということ。知力を兼ね備えた者が真面目に努力して、何とか生き残れるという現実だった。それから人に指導することの意味を知った。三宅氏やイチロー氏、二刀流の大谷選手といった超一流の選手を教えるのは、やはり超一流の指導者でなければならないということ。

たとえばオリンピック候補になるくらいの選手が私に、

「どうすれば強くなれますか？」と訊いたとする。その時私は、

「君はもっと力を使わないことだよ」と答える。

一般の人や初心者なら「何でウエイトリフティングなのに力を使わないの？」と思うだろう。だが一流の選手なら今の言葉ですべてを理解するのである。私は一流とはとても言えないが、一流を目指し、一流のすごさをいやというほど見てきたから言えるのだ。

先の章で大工を育てる平成建設のシステムについて書いた。

一年生を教えるのは二、三年生であり、一〇年生クラスを教えるのは棟梁だ。そのレベルに応じた教育、指導をするのは理にかなっているのである。専門的分野においては教える側と教えられる側のレベルが近くないと成立しない。これらの考え方は大工の内製化に

おいて役立った。

ともあれ、あと少しの努力が足りず、私はウエイトリフティングでは強くなれなかった。だが、ウエイトリフティングを通して得た糧《かて》は、企業家として、人間として、その後の私の人生に大きくプラスに作用しているのは間違いない。

営業マンとして生きる

自衛隊を辞めたあと、大学に入り直してウエイトリフティングを続けたが、生活のためにアルバイトを始めると練習に身が入らなくなり、完全にオリンピックへの道は閉ざされた。

その時私は二五歳になっていた。就職のことを考えると技術屋などになるには年齢的にもう遅かった。現実面を考えれば、何のスキルもいらない営業マンとして生きていくよりほかなかったのである。

最初は東京の不動産のデベロッパーだったが、怪しい会社で、お客さまのためになるとは決して言えず、またあまり売れなかったので半年ほどで辞めた。次は、地元に帰り、支店があるデベロッパーに二年、ハウスメーカーに七年半勤めた。

このハウスメーカーを選ぶ際、給料のいい別のハウスメーカーと天秤にかけて、どちらかを選ぼうという局面になった。

知人にそれを話すと、

「そりゃ給料のいいほうが安定していいだろう」と言う。

それなら、ということで、私は基本給は安いが、歩合制で実力勝負のできる会社を選んだ。前にも書いたが、天《あま》の邪鬼《じゃく》というか、私はどうも昔から人の意見に従って動いたり、多数の当たり前の意見になびくことができない性質なのである。どうしても困難と言われるほうの道を選んでチャレンジしたくなってウズウズする。

もっとも、その会社のほうが面白そうだと思ったのだが、実のところ当時は結婚するためにその会社に入っただけで、いずれは独立するつもりだったので長居する気はなかった。

その会社は営業マンだけで二〇〇〇人もの社員がいた。基本的には飛び込み営業で、私は常にトップクラスの成績だった。

業界でも少しは知られた存在となり、いくつもの同業他社から引き抜き、いわゆるヘッドハンティングのオファーがあった。

当然ながら提示される条件は良かったが、自分の能力を過剰に評価する姿勢に懐疑的だった。彼らは営業の現場を見て判断しているのではなく、私が売り上げた数字だけを見てヘッドハンティングしようとしたのだ。

中身を吟味、分析しないのに私の何がわかるというのか。好条件の契約にしても売れなければ反故《ほご》にされるだろう。人間を大事にしないで単純に数字ではかろうとすることに信用ができなかった。

三五歳になった時、かねてから興味のあった地元の建設会社からのオファーが来た。私の性格や考え方を理解してくれ、部長待遇で迎えるということで転職を決めたのだった。部下は自分と同じくらいか年上の社員ばかりだった。完全な外様だから内部では不平不満もあっただろうし、妬《ねた》み嫉《そね》みの視線も痛いほど感じた。そりゃ突然入ってきた若造が上司になるのだから、古参の社員にしてみれば面白いはずはない。中には辞めていった人もあった。

もちろん気は遣ったが、人間関係はまったく気にならなかった。こちらはそれまで飛び込み営業で鍛えている。この会社では営業はもちろん、人事、部下の教育、採用など、何でも自由にやらせてもらって経営のノウハウを学び、起業の礎を築いた。

ちなみに第1章で書いた「チーフリーダー制度」や「三六〇度評価制度」といったシステムは、この地元建設会社での経験と一匹狼の営業マン時代の経験によって編み出した。人を育て、人材を残すためには、公平公正に人を評価することが大切だとこの時代に痛感したのである。

やがて四〇歳になった一九八九（平成元）年に独立して平成建設を立ち上げた。

振り返ってみると祖父から父に引き継がれた大工の血は、間違いなく私の中にも流れていたのだと思う。

カミさんのこと

話を少し戻すと、私は二六歳の時に結婚をした。

妻は中学時代の同窓生で、実家は老舗の豆腐屋だった。うちの家が破天荒なほうだったから、結婚をするなら真面目で堅実な人がいいと思って一緒になった。そうすると私も自制して、そうやすやすとは無茶ができなくなる。何より結婚することで仕事にいっそう力が入ったのだった。

それに妻は私よりもずっと信用のおける顔をしている。私が信用ならなくても、彼女を見れば信用してくれるだろう。独立して自分の会社を構えた時、彼女なら大工のカミさん的なポジションにピッタリだなと思ったのだ。

また、気心が知れているから何でも話せる。妻が口うるさいのはどこの家でも同じだと思うけど、私に説教するのは彼女くらいのものだから貴重だと思っている。

妻にしてみたら、この私を働き者としては認めていて――何をやってでも働いてくれる人だろうし、夢だけでは食べていけないけど、夢のない人もつまらない――といったことのようで、やっぱりまあ古い付き合いだから何でも話せるのがいいということだった。もっとも、私の口の悪さだけはずっと心配していて、どこかで迷惑をかけているのではないかと思っているようだが。

会社を立ち上げる時も反対されるのはわかっていたから、「小さな会社をやるから手伝ってくれ」なんて、その気もないのに言って、あとでそうではないとわかって顰蹙《ひんしゅく》をかったこともあるが、彼女のことだから全部お見通しだったんじゃないかと思う。

経営にはタッチしてないけど、会社の状況も何となくわかると言っている。昔は年始などにうちの家に社員たちを招いて新年を祝ったものだが、その時も食事を出したりして社員たちへの気配り、心配りをしてくれていた。

結婚してから今まで、好きにさせてもらって仕事に没頭できたのも妻のおかげだ。まあへそ曲がりの性格だから口には出さないが、感謝の言葉しかないと思っている。

なぜ平成建設を起業したのか

繰り返しにはなるが——

高度経済成長期から現在に至るまで、建設業界は営業や設計、施工管理以外はすべてアウトソーシングしている。会社が新人を雇って一から教育するより、技術を身につけた大工や職人を外部から呼んで働いてもらうほうが効率的でコストも安くて済む。一方、工法についても先に書いたようにプレカットしたものを組み立てるだけといった効率化が進められ、技術を必要としない作業員ばかりが増える結果となった。

その結果、何が起きたのか。

若い大工や職人の育つ場がなくなる上に、大工の高齢化が進み、ゆくゆくは大工が日本からいなくなるという危機を招いているのである。実際、大工の年齢別人口（型枠工を含める）の一番多い世代は六〇代から七〇代であり、となればこの先大工はどんどん減少し、いわば絶滅危惧種のようになるに違いない。

私は営業マン時代からその現実を目の当たりにしてきた。そこには祖父や父親が誇りとしていた日本の文化をつくり、独自の美を支えてきた大工は滅んでしまうと強い危機感を抱いた。そうなればいったい誰が古建築の修復をするのか、日本古来から続く日本家屋を誰が建てるのかと……。

この起業はビジネスとしての挑戦ではなく、日本文化を守り、発展させていくための挑戦だと思った。「人を残すという者は上」という私の座右の銘にもかなうことでもあった。だからこそ大工や職人の内製化を本丸とした会社にしたのである。

だが、そんな発想で起業する経営者は他に誰もいなかった。いつの世でもそうだが、誰もやったことがないことをやろうとすると、必ず失敗すると意見をしてくる人がいる。「新人を一人前の大工や職人に育て上げるには、最低でも一〇年はかかるよ。時間とコストがかかりすぎるから無理だ。やめたほうがいい」と当時はよく言われたものだ。「経営としては内製化は非効率だしリスクが大きい。もっとお金になるやり方を考えたらどうか」などとも言われたが、先に書いたように私は儲けるために起業したのではなく、世の中のため、有為な人材を残すために起業したのである。だからそうした意見など意に介することはまったくなかった。

「うるせえ!」

私は営業マンを一七年にわたってやっていたから、アウトソーシング(外注)がいかに無駄であるかを知っていた。

たとえば、外注先との打ち合わせや連絡に時間がかかる。工程が完了するたび、次の工程に移るインターバルという無駄がある。自然と工期が長くなってしまう。当然管理コストもかかるから、結果、建築費が高くなる。外注先からの情報の伝達がスムーズにいかず、現場の作業員はお施主さんのことを知らないからトラブルのもとになったりする。一つの仕事に何社も関わっていることから、問題が起きた時の責任の所在が曖昧になる、などの弊害が、内製化して組織を一本化することで解消されるとわかっていた。

営業マン時代、私はある建築現場でこんな光景を目にした。

夏の暑い日だった。お施主さんが汗をかきながらやって来て、

「大工さん、お疲れさまです。いつもありがとうございます。もうこんなに枠組みができて……ここは確か、リビングになるんですよね。出窓はどのへんにできるんですか？　家内がとても楽しみにしているんですよ」と、大工にねぎらいの声をかけた。

ところが話しかけられた大工は、

「うるせえ！」と吐き捨てて、プイっと席を立って行ってしまったのだった。

残されたお施主さんは呆気にとられて、しばらく動けなかった。

お金を払っているお施主さんにこのような言葉を吐くことは本来あり得ないし、あってはならないことだ。

その大工は一番大切な人をないがしろにしたのである。

なぜこんなことになるかといえば、その大工が下請け業者だったからだ。元請けからお金をもらっているのでお施主さんの顔も知らないし、何を言ってこられようが、何を言い返そうが、直接お金をもらっている相手ではないので関係ない。雇い主の建設会社の指示通りに仕事をしてさえいればいいという認識だったのだろう。

これは決して許されるべきことではないし、そんな言葉を吐く大工にいいものがつくれるはずもない。

今ではどこの会社でもこんな大工はあり得ないと思うが、ふとした瞬間に素が出るということがある。お施主さんよりも元請けを優先しないと言えるだろうか。

もとはといえば、大工が元請けの顔色ばかりをうかがうような仕組みがそうさせたとも言える。だからこうした事態を招かないような会社の仕組み、つまり内製化をするしかないと考えたのだ。

一〇人の侍

この起業に賛同してくれる人はほとんどいなかった。でも、建築の仕事は一人ではできないのが現実だ。そこで私は、目をつけた腕のいい大工や職人、設計士、現場監督のもとに行って、スカウトを始めた。いや、スカウトみたいな聞こえがいいものではなく、ただ「力を貸してほしい」とお願いして回ったというのが本当のところだ。

もちろん社員として大工や職人を抱える会社などは初めてだったし、その上、ゆくゆくは内製化するともなれば常識では考えられず、前代未聞で、みんな二つ返事で引き受けてくれるというわけにはいかなかった。しかも当時はバブル経済の絶頂期。腕のいい大工や職人はあちこちの現場で引っ張りだこだった。

それでも何度も足を運んで説得した結果、私の考え方や熱意が通じたのか、

「そんなシステムは聞いたことがないし先はどうなるかわからないけど、秋元さんの熱意には負けたよ。よし、やってみようじゃないか」

「うん、面白そうだ。手を貸そう」

「女房には反対されたけど、秋元さんにそこまで頼まれたら断れない。信用して協力するよ」

と賛同してくれる人が次々にあらわれた。

こうして集まったスタッフが一〇人。「七人の侍」ならぬ「一〇人の侍」が来てくれたのだ。私は今でもこの一〇人を恩人だと思っている。


また、飛び込み営業マン時代に知り合った二人のお客さまも平成建設にとって恩人である。

一人の方はまだ何の実績もない当社に対し、数億円規模の工事を発注していただいた。そしてもう一人の方は身内でもないのに数億円の債務保証をしていただいた。いずれもふつうなら考えられないし、私がその立場なら断っていると思う。今でもよくもそんなことが頼めたものだと赤面するような思いにかられるが、これも飛び込み営業によって人間関係を培った証《あかし》なのだろう。私という人間を信用してくれるからこそ引き受けてくださったと思うが、運よくそうした方々と巡り合ったのは幸いだった。

こうして平成建設という名の小さな船を大海原へと漕ぎ出した。小さいが最強の布陣で私には勝算があった。五六ページのグラフのように、今では六〇〇人規模の会社にまで成長し、業績も順調に上がっているが、この時は暗中模索、何の後ろ盾もなく、成功する保証などどこにもなかった。海のものとも山のものともわからない会社に協力してくださった方々へのご恩が原点であり、決して忘れてはならないと肝に銘じている。

また、平成建設は株式公開（上場）をしないと決めた。

なぜなら会社というのはお客さまや社員たちのためにあるのであって、株主や投資家のためにあるのではないからである。それに株主が妨げとなり、経営が長期展望に立てないということもある。

繰り返しになるが、平成建設では会社の規模を大きくして発展させることが目標ではない。人を育て、人を残すことをメインテーマとしている。その価値基準からすれば、上場はまったく必要のないことになる。

だから先に書いた、平成建設の人事評価などは上場会社ではあり得ない。取締役会を無視して、みんなで上司や社長を選ぶのは株主を無視しているのと同じになる。同族企業なら、息子が選ばれる保証が何もなく、それどころか選ばれない可能性が高いだろう。理想的な制度なのに株主にとっては良くないということになるのだ。

こうして経営者としての一歩を踏み出したのだが、私に経営者としての師匠はいない。いるとすればそれはすべて反面教師である。

人の真似をしたくないということもあるが、誰かと同じ生き方をしたくないのである。人生の師という意味においては、三宅義信さんとか神谷公夫さんなどがいるが、ビジネスでは何と言っても反面教師という名の師が一番なのである。

まず父親の会社の倒産を経験した。その後最初に入った不動産デベロッパーでは給料の遅配が続いて、私が転職したあとに倒産した。次に入ったハウスメーカーも倒産している。

身近にいた部下に離反されたり、家族に離反されたりする人。努力しない人。逆にやたらと努力する人。死ぬまで努力しすぎてみんながついてこられなくなって倒産する。放漫経営で倒産したり、ロマンを追い求めすぎたり、ビジネスモデルが古くなって倒産する。

平成建設創立パーティー（韮山高校同級会）

営業マン時代、幸いにして私はこういう現場を数限りなく渡り歩いてこの目で見てきた。同じことをしなければ失敗しないという意味においては、これ以上の教師はいないと考えている。

父親の会社や勤めていた会社の倒産の原因や経緯の詳細を知ることができたのも、当社を経営する上で大いに役立っているのだ。

平成建設は今年で創業三二周年を迎える。業績を伸ばし続け、創業二五周年と三〇周年には、帝国ホテルにて盛大に記念式典を開かせてもらった。

ただ順調とはいえ、大工や職人など、優秀な人材を確保するのは創業以来の変わらぬ課

創立30周年記念パーティーで恩師の三宅義信氏(ウエイトリフティング・オリンピック金メダリスト)と

題でもある。幸いにしてこれまでは「大工になりたい!」という有名大学出身の優秀な学生たちが入社してきてくれたが、私の理想とする〝匠千人〟の会社にはまだほど遠いのが現状だ。

今現在の社員数は約六〇〇人。そのうち大工や職人は約二五〇人である。理想は社員数二〇〇〇人、大工や職人が一〇〇〇人で、この人数であれば我々が目指すマーケット規模に応じた幅広い仕事ができる。

匠千人となった時に初めて〝大工なら平成建設〟という世界に名だたるブランド化が実現するに違いない。

第3章

大工のすすめ

人材不足の世の中

私は七三歳（二〇二一年一〇月現在）。団塊真っ只中の世代である。

ちなみに私が生まれた年には約二六八万人の出生数で、出生率は四・四だった。それが二〇二〇年度の出生数は約八七万人となり、出生率は一・三四で過去最低となった。つまり私の時代から三分の一に減ってしまったのである。団塊の世代三年だけで約八〇〇万人いたものが、今では約二五〇万人程度と、ゆくゆくは四分の一になろうかという勢いである。

この数字を見てもおわかりかと思うが、必然的に労働人口も減ることになり、人手不足となる。実際すでにその問題は起きていて、建設業界においても人手の奪い合いが起きている。プレカットなどの工業化が進むと作業が単純化されて大工や職人といった技術は必要なくなり、誰でもできる仕事になる。となると、人手があれば作業員がいればいいということになり、同業種同士で人の取り合いになっているのである。

断っておくと、これはあくまで〝人手〟の話である。これが技能をもった人材となるとさらに厳しい状況で、〝永久人材不足〟状態に陥っている。

今後は出生数が確実に減っていく。数の問題だけではない。若者の比率が少なくなると、我々の時代のように放ったらかしでたくましく育てられたりはしない。甘やかされて過保護になる。競争率も低下し、大学に入るのも易しくなっていく。我々の時代と比べて出生数が三分の一になったからといって、定員を三分の一にするわけではないのである。

こうしたデータ一つとってみても、人材不足が深刻化していることがわかる。大手建設会社になるとなおさらだろう。大きな船になると必然的に操る人の数も多く必要になってくる。当社のように小回りがきかない分、人材不足は深刻になっていくに違いない。

平成建設の例をとってみても、一五年前くらいは団塊ジュニアがいたので一〇〇〇人ほどの応募があったが、このところ三分の二ほどに減少している。以前は五〇人採用していたのが、今は三五人ほどだ。ましてやこのコロナ禍でインターンシップや面接が思うようにできず、さらに厳しい状況が続きそうだ。

とはいえ、ありがたいことに質の面で言えば、変わらず優秀な学生が「大工になりたい！」と志して入社してくれる。

かつては大工といえば、

「勉強する気がないなら大工にでもなりな！」

「大工なんて、きつい・危険・汚いの３Kだ」

などと言われていた時代があった。その昔は大工といえば頭脳が必要な誰にでもできる職業ではなかったが、戦後の高度経済成長期以降、前述したように分業化、効率化によって大工が作業員に取って代わられた結果、このようなことが言われるようになってしまった。

だが、今はまた時代が変わってきている。デジタル化社会、情報社会などを背景に、ものづくりに対する魅力が再認識されつつあるのかもしれない。

私自身も新卒の採用を始めた一九九〇年以降、大工という仕事の素晴らしさを伝え、広めるべく努力をしてきた。

頼まれれば私自身が講演し、テレビに出演し、本を出版したり雑誌などの取材も受けたし、今もそうしている。これは、大工仕事は人材が命だとわかっていたから、宣伝のためにやっていることなのである。実際、こうした宣伝が実って大工という仕事に魅力を感じて応募してくれる学生たちも増えてきた。

これまでさんざん高学歴を売りものにしておいてあれなんだが、少し断っておくと、一流の大工に育ってくれるのなら、学歴は関係ない。大工というのはかなりの頭脳が必要な仕事なので、結果として高学歴となっただけのことだ。決して有名大学の学歴を持つ学生だけを求めているわけではない。

しつこいようだが、平成建設にとって人は宝であり、人材は命である。大工とはそのことを象徴する仕事でもあり、だからこそ絶対に絶滅させてはならないと心に強く思うとともに、人材発掘にこれからも力を注いでいこうと思うわけである。

適材適所

毎年大工を志望してくる学生は、大手ゼネコンに入社するか、大工になるかいずれかといった感じである。当社では一般的な適性のみならず、体力テストまで実施している。また、設計職希望者に対しては、その場で課題を与えられて設計をするという〝即時設計〟が最低限度できるようでないといけない。

たとえば平成建設が短距離走をやる会社だとすれば、一〇〇メートルをもともと一一秒で走る人を採用したい。練習すれば九秒台が期待できる人材だからだ。一二秒からのスタートだと上位を目指すのは困難だろう。

さらに分野によっては向いている人、向いていない人を考慮する必要がある。大手のゼネコンなどを見ていると、どう考えても現場監督には向いていないのにやっている人がいっぱいいる。そうなるとふつうはメンタル不調になったりする。これは採用時に適性を十分に見極めないからだ。

人間には器用、不器用というものがある。これは運動神経とは関係がない。

平成建設の例で言うと、甲子園に出場するくらい野球が上手で運動能力が高くても、現場の仕事ではまったく不器用で使い物にならない社員がいたり、その逆で野球はさっぱりできないのにユンボやダンプの運転など工務部の仕事をやらせれば抜群に上手な社員もいる。

ちなみにその不器用な社員は営業で入ったが、成績が上がらないので工務部に回した。実はそのまま辞めると思っていたが、四年近く耐え抜いた。その様子を見ていて私は総務にいいのではないかと感じて総務部に異動させたら、いきいきと採用や育成の仕事をするようになって、今では幹部になっている。

もちろん本人も相当努力をしたと思うが、人間は必ずどこか取り柄があって、それぞれに見合ったポジション、仕事があると思うのだ。

一般に、建設業界の現場に携わる人の離職率はとても高い。それに比べると平成建設の大工や職人の離職率は圧倒的に低い。

大工として入社する若い社員というのは、性格はいろいろだけど、基本的には大工の仕事はできる。だから仕事ができないからといって辞める者はほとんどいない。大工で入って辞めるというのは、よその会社に引き抜かれるとか、親の後を継ぐとか、実家の都合で帰らないといけない場合が多い。

平成建設が恵まれすぎているから辞めてよそに行くというパターンもある。大工仕事を極めるために、もっと奥深くやりたいがために、家族を持ちづらいほど給料の安い、宮大工の世界に飛び込んだ者もいた。より厳しい環境に身を置かないと鍛えられないと考えてのことだ。

中には土日が休みのほうがいいという者、残業もやりたくないという者もいる。残業といっても明日の仕事に備えて道具の手入れ、整理をするのだけど、それをしない大工とかもいる。

でも、土日もなく働きたい者もいる。それは楽しいことが仕事だからだ。そんな人間にとっては、工場で働いているより、事務仕事をやっているより、ともすれば休日に休んでいるより大工仕事はよっぽど面白いと思っているはずだ。

向いているか向いていないかという話に戻れば、それは自分が面白いと思うか思えないかが大きい。面白くない、つらいと感じて逃げ出したら向いていないってことだろう。もっとも、仕事が趣味のように思えて楽しくなるまでは苦しい修業の期間がある。でも、目的や目標を持って取り組んでやり遂げれば、その苦しさすら楽しく面白いと感じるようになると思うのである。

大工という仕事

奈良の法隆寺や薬師寺東塔などは、一〇〇〇年以上前に建てられた木造建築である。いずれも数多の地震や災害をも乗り越え、今もなお美しい威容を誇っている。この他にも日本全国各地に、古建築と呼ばれるものが残されている。

これらの建物をつくれと言われたら、それこそ一生をかけなければできないだろう。それでもできるかどうかわからない。だが間違いないのは、建てたのは我々と同じ人間であり、大工を生業《なりわい》とした人たちであるということである。

それを思えば大工は匠の世界の頂点だと感じる。落語の世界などで語られる、ちょっと間の抜けた庶民的な大工とはイメージがほど遠い。いや、江戸の町の大工というのは、一般の奉公人の年棒をひと月で稼ぎ出すほどであった。さらにその上の、すごい大工というのは、神社仏閣も書院造りも数寄屋造りもすべてできる、高度なスキルを持つ、スーパーエリートだったのである。

神社仏閣や城といった古建築は、元来為政者が命じてつくらせたものだ。だから大工とはそれなりの地位があり、最高の腕を持つ人間でなければならない。だから先にも書いたが、「勉強ができないなら大工になれ」とか「大工なんかきついし汚い仕事だ」といったイメージはまったくの誤解と言うよりほかない。

一般的に大工の仕事というのは、材木を鉋削りしたり、鋸で切ったり、釘を打ったり、組み立てたりするという認識だろう。だがそれも大きな誤解である。

私が呼ぶところの大工とは、現場の最高責任者のことを指す。いわゆる棟梁と呼ばれるトップだが、彼は大工仕事はもちろん、設計もでき、図面を引き、現場の監督もできるという、オールマイティに何でもできる存在である。

ちなみに職人とは、それぞれの分野の専門職に就く人を指す。

平成建設においては高所で足場を組み立てる鳶《とび》職、コンクリートを流し込むための木製パネルを加工する型枠工、設計図に基づいて鉄筋を組み立てる鉄筋工、壁に土やモルタルなどを塗って表面の仕上げをする左官などがそれである。

また、建具、漆、表具、庭園といった伝統工法の職人もいる。欄間《らんま》、蒔絵《まきえ》、螺鈿《らでん》といったしつらえの職人まで、様々なスペシャリストがいる。彼らの中には芸術とも呼ばれる作家もいるが、家全体の図面を描いたり、人を束ねたりすることはほとんどない。あくまでスペシャリストであり、総合的なスキルを要求される大工とは一線を画すのである。

ちなみに作業員とは、大工や職人の手足となって動く、いわゆる単純作業を担っている人だ。大工や職人の見習いといったところだが、目標を持たず、日々の努力を怠っているといつまで経っても作業員のままということになる。

キング・オブ・アスリートの上をいく

平成建設では全国各地から「大工になりたい！」という学生たちが集まってくる。その中には、大工という仕事に〝何でもできる〟魅力を感じてという者が少なくない。何でもいろんなことをやりたいと言うのである。全部、すべてのことをやりたいという、いい意味での〝欲深さ〟がある。

監督も設計も営業も兼ねることができるのが大工だ。

「棟梁の営業って何をするの？」と思う人もいるかもしれない。

棟梁はその腕のよさでリピートの仕事を取り、その顔でオーナーの紹介をいくつも取りつけて、お盆と暮れの時期には営業に回って仕事を取る。家で酒を飲んで営業もしない者は棟梁にはなれないのだ。


棟梁の仕事は、陸上競技で言うならさしずめ〝十種競技〟というところだろうか。短距離も長距離も投擲《とうてき》も跳躍もやりたいのだ。しかもその中で三つくらいの種目で金メダルを取れるようなレベルの高さで。大工なら努力次第でそれができる可能性がある。

ただし、それをやろうと思えばずば抜けた知力と体力、的確な判断力、鋭い感性などが要求される。だが、私が理想とする大工はさらにその上をいく大工ということになる。腕はもちろん、人格的にも従来の大工の上をいく、大工の頂点に立つすごい人だ。

十種競技どころではなく、たとえて言うなら、トップクラスの才能を有する二刀流のメジャーリーガー、大谷選手が球団を経営し、監督やコーチ、トレーナー、広報まで兼任するようなものだろうか。それなら文句なく誰もがすごいと認めるに違いない。

私はそんな大工を育てたいと考えているが、それには本人自らが学んでくれる以外にない。何しろそこまでのレベルになると師匠はいないし、教科書もない。先に書いた奈良時代や平安時代の建築物には前例がないのである。質、量ともに新しいものにチャレンジして成功した人だ。

そんな理想の大工は、大工が一〇〇人いるうち一人出ればいいほうだろう。狭き門だが、大工が一生できる仕事だと思えば努力次第で可能だと言える。自分が死んでも一〇〇〇年以上も「すごい」「素晴らしい」「美しい」と語り継がれる仕事ができるのは、世の中にはそれほど多くはない。

大工に定年という言葉はない

「定年マンになるな」とみんなに言いたい。

定年マンとは、会社が決めた六〇歳や六五歳で仕事に区切りをつけて、自分で定年だと勝手に決めて辞める人のことだ。これからの若い人に対して特に言いたいが、「死んだ時が定年だ」と言えるような、生きがいのある職に就いてほしい。

それにはキャリアだけを積む仕事をするのではなく、スキルを身につけられる仕事に就かなくてはいけない。だから、大企業だからとか安定しているからといった発想はやめるに越したことはない。自分がいなくなっても代わりがいて誰でもできるような、続けようが続けまいがどうでもいいような仕事には就かないほうがいい。

若いうちは体の無理がきくからアルバイトで凌いでもいけるだろう。だが結婚をして子どもでもできればそれなりの収入は必要になるし、独身でいても齢をとれば生活不安の中で暮らさなくてはいけなくなる。

芸は身を助けると言うが、そんな時に自分にスキルさえあれば死ぬまで働ける。もちろんしんどい思いをして働けと言っているわけではない。好きな仕事なら死ぬまで楽しく働けるのである。

そういう意味においては、大工という仕事はうってつけだ。

なぜなら、前述したように、本物の大工にはそうやすやすとなれないからである。平成建設には多くの大工がいるが、それは大工の○○さんではなく、大工を目指している○○さんなのだ。大工のいる部署ではなく、大工を目指す部署があるだけなのだ。

技術を高める

本物の大工になるためには、死ぬまで頑張り、粘り強く学び、努力を積み重ねなければならない。しかも目標に近づいているという喜びがあるから、苦しいのではなく楽しくやれるのだ。定年のある会社員や公務員や、若くして体力的に限界がくるアスリートなどでは味わえない、生涯現役が貫けるのである。

大工というのはよくできた仕事で、若いうちは木材を運んだり切ったり削ったりと体力勝負のところがあるが、齢を経るにつれ頭脳が要求される場面が多くなる。齢をとってからはそれほど体力を使わない。営業や指導などをやって、たまに運動不足にならないように木工をやる程度で、あとは現場を見て回って、

「こんな仕事しかできねえのか」

「これくらいのことで何やってんだ」

「こうすりゃあいいじゃねえか」

などと叱咤激励していればいい。人材の育成、技術の継承である。頭と口だけで八〇、九〇歳になっても楽しく働けるのである。

スキルを積むにおいても人生を豊かにするにおいても、こんなにいい仕事はないと思うのだが、どうだろうか。

職人がいてこその平成建設

これまで大工の話ばかりしているように思われるかもしれないけど、平成建設にとっては職人こそが要《かなめ》なのだ。

とりわけ工務部はその中枢にあたる。どれだけすごい営業がいようと、センスある設計ができようとも、現場で日々汗を流して働く職人がいないと会社が成り立たないからである。これは内製化したならではの考え方になるけれども、だからこそ働くすべての社員たちが支え合い、一丸となってプロジェクトを成功させようという気持ちにもつながるのだと思う。

原則として男性新入社員は全員、まず工務部に配属するようになっている。現場で実際に働くことにより、建設業のイロハを学ぶことになるのだ。先輩たちの仕事のやり方や仕事の流れ、人の動きを見て、自らも働くことで、社会人としての礼儀、マナー、人間的な強さや思いやり、勇気や知性、チームワークなどのすべてを身につけていくのである。

また、これによってその後、別の部署に配属された際、釘一本の価格にも配慮し、工務部の立場からすればどうだろうと思考する。営業にしても現場を知っていることで自信を持って説得力のある提案をすることもできる。

現場監督も工務部出身だから、一通りのことは自分でできる。だから多少の直しなら、職人を呼んで打ち合わせをしてやる手間を省いて自分でサッサとやってしまう。場合によっては一日かかる仕事も半日で終えられる。

リフォームにしても、お客さまと打ち合わせて現場の人間に伝達していてはその過程でミスが起きかねない。それなら自分で全部やってしまったほうが、時間と人件費もかからず早くて安上がりになる。

ちなみに当社の工務部では、鳶、土工、型枠工、鉄筋工、重機作業など、一人で何役もこなすマルチプレーヤー、多能技能工を育てている。これはあまりに細かく分業されてそれだけをやらされると、「これは俺が手掛けた仕事だ」という実感、誇りが持てなくなるからだ。全体の工程を見る目も養えず、自分の仕事しか考えないようになってしまう。

どんな学びでも同じだけれども、幅広く新たな知識や経験を積んでいくことはやりがいがあり、人生を豊かにしていくのである。

女性と大工

数は少ないが、平成建設には女性の大工がいる。

仕事はあくまで能力の勝負であって男女の違いは関係ない。ただ、大工の場合は何と言っても力仕事になる。だから女性の場合はどうしても物理的に時間のロスが生まれる。また出産となれば時間的拘束を受ける。ただ、平成建設に建築を勉強して入社してくる女性社員においては、試験の平均値は男性社員よりも高い。ただ、大工仕事に限って言うと男女の体力差がものをいうし、危険な現場でもあるので、これればかりはどうしようもないのである。しかも建設現場では化粧や着るものにかまっていられない。

だが、それでも大工をやりたいと入ってくるのである。彼女たちの熱意はすごいものがあり、中には男並みの力がある女性大工もいる。彼女たちは当然「棟梁になりたい」と夢を持っているのだが、私が勧めているのは棟梁ではなく、棟梁の〝おかみさん〟的な役割を担ってほしいと考えている。

元来、おかみさんは大工の現場を熟知している。見積もりや予算の管理といった事務仕事から、棟梁に叱られた若手大工のフォローなど、その仕事は多岐にわたっている。こうしたことから平成建設でも、おかみさん的ポジションの人材としてどうかと勧めているのである。

男がおかみさん的ポジションを務めるのにはかなり無理がある。女性ならではのきめ細かい配慮や視点は建築現場にとってもありがたく、大きな力になる。何より彼女たちは大工仕事が大好きなのである。大工の仕事は（大工だけではないが）チームワークが重要である。適材適所で人材を置くということを考えれば、それがベストだと考える次第である。

ところで最近は、女性社員が産休や育休をとれるように制度化されてはいるが、一般の会社であれば、それだけ長期に休んで復帰となると現実問題としては仕事を辞めるかどうかなど、難しい判断を迫られることもあろうかと思う。平成建設の女性大工の中にも結婚して出産した際、産休で一年休んだ者もいるが、現場復帰して今も元気に働いてくれている。必要な人材であることは言うまでもないが、これも何より大工というスキルがものをいっているのである。

さて、棟梁ではなくおかみさんに、と書いたが、ただそれは〝現時点で〟という意味においてである。将来は力仕事もできる優れた女性棟梁が誕生する可能性もゼロではない。それはそれで楽しみなことではある。

人に任せる

私は現在、基本的にあまり出社しない。本社に出社するのは何もなければ一週間に一回程度。自宅敷地内にある「デザインアトリエ」という設計部門のオフィスにも私のデスクがあるが、そこにも調べもので一、二回顔を出すくらいだろうか。あとは適当にブラブラしている。

私の年齢を考え、会社を外から眺めつつ、後釜を探しながら（ようやく見つかったが）

といったこの生活をもう一〇年ほど続けている。今でこそコロナ禍でリモートでの仕事をやるのは当たり前の状況になってきたが、創業社長など、必要がなければ出社などしないでいいと思う。

「会議とかしないんですか?」と、ときどき驚かれるが、もともと私は会議など大嫌いである。

世の中で言うところの会議のほとんどは単なる〝報告会〟である。会議というのは議論があって初めて会議になるのである。報告会なら報告する者とされる者がいればいいだけの話だ。せいぜい数人で成り立つのに、三〇人や四〇人集めてやるというのは時間の無駄でしかない。

ブラブラしているといっても、もちろん遊んでいるわけではない。経営者として大事な決定はもちろん私がしているし、何かあれば幹部が相談にやってくる。もっともそれがどうでもいいような相談ごとなら、「こんなことも自分で判断できないのか」と叱るが。

私の風貌からトップダウンで、ガンガン指示を飛ばしてやらせるワンマン社長に思われがちだが、まったくの逆で、だいたいのことは社員たちに任せている。

営業マン時代にヘッドハンティングされて若くして部長職となった際、経営や組織の知識に乏しく不安にかられた私は、第2章で紹介した恩師の神谷公夫さんにその相談をしたことがあった。

すると神谷さんは、

「人間なんか縄文時代から大して進歩していない。進歩したのは科学や知識だけだ。お前ができることからやれ。できないことは人に任せろ。科学や知識はリレーできるが、人間の能力はそんなに進化していないから安心しろ」と言ってくださった。

確かに人間の能力には限界がある。それならやれる人間に任せて、やってもらったほうが効率的だし理にかなっている。

以来私はこの言葉を胸に、部下と接するように心がけた。

考えてみれば、人に仕事を任せるということは育てるということでもある。やりがいや責任を感じることで自立し、人間的にも成長する。何度でも書くが、私はお金や仕事を残すために平成建設をつくったのではない。人を残すためにつくったのである。それを思えば、社長だからといって何でもかんでも自分でやろうとするのではなく、各々《おのおの》に任せる努力をさらにしたいと思っている。

夢を持たせるのも社長の仕事

私は営業マンの頃、数字をいつも強く意識していた。それは「将来は必ず独立して自分の会社を持つ」という大きな目標があったからである。言い換えれば、目標の達成のためには頑張れるということだろうか。ただ単にお金が欲しいというだけであったなら、その頑張りも努力も続かなかったと思う。

その気持ちは会社を経営するようになってからも変わらない。ただ、夢や目標を持つ側ではなく、持たせる側に立場は替わったが。

社長の役割として大切なことの一つに、社員に目標や目的を持たせることがあると思う。それが一番やる気を起こさせる方法である。目標や目的は仕事を通して自己形成につながるのである。

最近の傾向で理解できないのは、学校に入ることを目的化することである。特に親が子どもに対して「いい大学に入れ」と教える。いい大学に入れば社会に出ても出世するという幻想である。だから入学したとたんに勉強をしなくなる。学歴は必要だろうが、出世の道具などではないはずだ。

だからそういう学生ほど大企業に入りたがる。親もそのほうがいいと言う。平成建設においてはそういう学生は勤まらない。自分の意思が希薄となれば、仕事でも何でも自己判断、決定ができないだろう。

余談ながら採用活動に応募してくる学生のうち、その七割がピンポイントで「平成建設で働きたい」と志望してくるが、面接の時の彼らの目の色はいきいきとしている。そして自分の学歴など一切気にしていない。それを武器としないでもいいほどの勉強をしてきているのである。その会社に入ってみないとわからないといった曖昧さなどはみじんもなく、どんな会社かすでにイメージができているのだ。

平成建設を立ち上げた頃、一〇年ほどよそで大工をやっていた男が入社してきた。その当時の彼には三つの夢があった。それは、坪一〇〇万円以上の物件に携わること、難易度の高い一〇〇坪以上の物件に携わること、建築雑誌に取り上げられるほどの有名な物件に携わること、であった。

平成建設に入社する前は、それは夢のまた夢といった、手の届かないものであった。ところが入社二年目にしてそれがかなってしまった。しかも一度に三つとも、である。伊豆市修善寺近くの改修工事の物件で、坪単価は高額、一〇〇坪以上、著名な建築家の設計で雑誌に取り上げられたのである。

これも一般のハウスメーカーではなく、富裕層向けの高級住宅を扱うがゆえの特権でもあるが、彼は平成建設に来たことで夢がかなったのである。経営者が社員に目標や目的を持たせることは大切だと書いたが、それは〝画に描いた餅〟ではなく、実現可能なものでなければならず、そこにたどり着くまでの道筋をつけ、導くのも経営者の手腕でないかと考えている。

第4章

営業とは何か

何を売るのか

私は今経営者の立場ではあるが、第2章でも書いたように原点は営業マンとして出発した。およそ一七年にもわたって飛び込みの営業を続け、常にトップクラスのセールスを誇った。

そんな中で学んだのは、ものを売るというより、お客さまといかに接するか、人付き合いの基本というか、人間を知るといったビジネスの本質であったかと思う。

最もレベルの低い営業というものは、「うちの商品はこんなに素晴らしいので、ぜひとも買ってください!」などと、一方的に売り込むことである。お客さまにしたらうるさくて迷惑なだけなので門前払いにされてしまう。

営業は売ってはいけないのである。家の中に入れてもらえるまで、一〇回くらいは挨拶に行くものだ。極端に言えば、お客さまのほうから「何を売ってるんだ?」と訊かれるくらいがいい。そもそも名刺は渡しているわけだから、何を売ろうとしているかはわかるだろう。要するに興味を持ってもらうまでが大事なのである。

ふつうに考えれば、子ども服が欲しいと思ってデパートに買いに行けば、扱っている店のそのコーナーに行くだろう。子ども服が欲しいから行っているのであって、店員との間で人間関係は生まれるはずもない。スタート地点から物を売り買いする行為が始まっているわけだから、そこに人間関係は必要ない。

住宅にしても一般住宅を販売する展示場に行けば、とたんに値引き合戦とか何をサービスするとか、媚びて奥さんや子どもを褒めるとか、人間関係でなしに条件闘争ばかりになる。果ては競合するメーカーの批判をしたりするようになる。その時点で営業マンの人間性までがおかしくなっている。

私はそんな営業は面白くないし、一切やってこなかった。そういう営業を避けるには飛び込みが一番よかった。人間関係を築いて未来につなげていくといったことだ。予備知識がないことを恐れて喋れない人は、結論をイメージして話そうとするから、目的の話をしてしまうのでそうなってしまう。

世間話から始めるのに予備知識は必要ない。資産家の奥さんなのか政治家の奥さんなのかは関係ない。それがへたに予備知識があると、かえって緊張してしまう。売ろうとするからそうなる。話しているうちに事情がわかって、「へー、そうだったんですか」となったほうが親近感がわく。これも営業のテクニックだ。

また、営業の話で「品物を売らないで自分を売れ!」という会社があるが、大手の看板があるからそんな暢気《のんき》なことを言っていられる。だから看板が外れたとたんに売れなくなる。中小企業になると名前も商品も知られてないから「自分より会社を売れ!」と言う。さらに零細になると「社長や社員たちを売れ!」となる。うちにはこんなにすごい社長がいるとか、社員がいるとか、とにかく安心できる素晴らしい会社なんです、と。飛び込みの、本物の人間関係を構築する営業を知らないから、そういうことになるのである。

また、私は縁故《えんこ》や紹介状には絶対に頼らなかった。

そもそも縁故には無理がある。利害が生まれたとたんに政治的になり、お金や利権がからみ、見返りを求められるなど泥沼になって、結果、墓穴を掘る。先に書いたような私のやり方、正攻法ならそうしたリスクも避けられる。とにかく貸し借りなしの対等な関係性を築くのが大切だ。

紹介状も然りである。紹介状があってもとりあえず会ってくれるだけで、それ以上ビジネスも人間関係も進展しなかったら、かえって本人の価値を落とすことになる。そればかりか紹介者の顔をつぶすことにもなりかねない。

相手は紹介した人物を見ているわけであり、営業マンを見ているわけではない。その点、純粋な飛び込みなら営業マンの手腕が問われるだけであり、ダメでもともとであり、お客さまと営業マン双方が悪感情を引きずることもない。

そもそも縁故や紹介状を使って一回でケリをつけようとすることに問題があり、無茶な話なのだ。これもやり方があって、知り合いになったあとで、話すうちに縁故があるとか紹介状があると先方に伝えればいいのである。そうなれば「何だ、○○さんと知り合いだったのか。だったら早く言ってくれればいいのに」となるはずだ。そうしたら「いえ、実力でやってみたかったんです」と答えればいい。それだけでも営業マン自身に興味を持ってもらえるわけである。

くよくよしない・明るい・リズム感

営業マンをやるにおいて大切な心構えは〝くよくよしない〟〝明るい〟〝リズム感〟の三

つである。これは三位一体で、飛び込み営業で追い返されても、後々まで負の感情を引きずらず、いつも淡々とした明るいコンディションで、リズム感よく次々に訪問していくといったことだ。

飛び込み営業マンをしていた頃、土足厳禁の事務所にスリッパに履き替えず、ウッカリ靴のまま上がったことがあった。すると若い社長(二代目なのだろう)から、「出直せ!」と怒鳴られ、名刺を投げつけられた。そんな時は「申し訳ありませんでした!」と謝り、もう二度と訪問しないか、手土産か何か持って日をあらためて訪問するのがふつうである。だが私は「すみません、では」と言ってその場でスリッパに履き替えて挨拶をし直すのである。

こんな行動を想定しなかった若い社長は戸惑っていた。再び名刺を出し直すと「まあ座ってください」となる。そのあとで番頭のような古手社員から「あんまりいじめないでくださいよ」と言われて、「わかってます。今日はやりすぎました」と答えたことがあった。

これもいちいちくよくよしてへこんでいたらできないし、暗かったらできないし、リズム感が悪かったらその場の空気を読んで即興的な正しい判断もできない。繊細かつ大胆にやるのも営業の要点である。

これも初めて飛び込んだ会社での話だが、「本日、社長は不在でございます」と断られた。だが奥のほうを覗き込めばどうもそれらしき人がいる。いわゆる居留守を使っているのである。「あそこにおられるのは社長さんでは?」と訊くと、応対した女性社員が慌て出した。それで私は「おられるなら、ちょっとお邪魔します」と言って堂々と奥に行き、社長に挨拶をしたのだった。その結果、とても仲良くなり社屋から社長の家まで、トータルで一〇件もの契約をいただいたのである。

平成建設の一〇周年の記念式典の際に来賓として迎えたその社長さんは、「秋元社長につかまって、えらいめにあいました」と笑って挨拶をされたが、これもすべてはその場で即興的に機転をきかせたことから始まったことだ。

毎日毎日飛び込み営業をやっていると、会社だけでなく、感覚的に人の懐にまで飛び込む術を身につけられるものなのだろう。

情報を売る

こちらは挨拶を売っているのであって、物を売らないから断られることもない。名刺を見て「家なんかいらないよ」と断るお客さまはいる。そんな時に私は、

「家を売るとも言っていないのにどうしてそんなことを言うんですか？　○○さんにとって耳よりな情報を持って来ただけなんですけど」と言うのである。

それを知ったお客さまは、

「そうか、悪かったな。で、何の情報だ？」

といった流れで、そこからはお客さまの必要とする情報を教えるのである。相手が商店をやっているのなら、同業他社の価格や仕入れ方やどんな品物が売れているかなどを調べて情報提供する。そうこうするうちに相手からも貴重な情報を得ることもできた。

「○○さんの息子さんは歯科大を卒業したあと、開業したいらしい」と聞けばそのお宅にお邪魔するのだが、そこでも売ることはない。将来においても同業のライバルが出てこな

いであろう土地を紹介するのである。向こうが欲しい正しい情報を提供することで信用を得て、ゆくゆくは「建物はお宅でお願いします」となる。

そうしたことをきっかけに人脈が広がり、医療機器メーカーや薬品メーカーとのつながりもできる。医院ができれば彼らも営業しなくてはいけないので、お互いに情報交換をする。歯科医院を建てたいとか建て直したいとか、誰も知り得ない情報を独自に入手して営業に生かすのである。

そうこうするうちに逆に相談を受けるようになる。相続した土地の税金や、投資先としてのお勧めの物件の相談など、営業マンというよりアドバイザー的な立場で話をするのである。いわば情報交換こそが最高の営業ツールとも言えよう。

このＳＮＳの時代、情報が錯綜しているだけに、こうした足で稼いだ生きた情報交換というものの必要性がかえって高まるのではないだろうか。

余談ながら日本人が頭を使わなくなった原因は、スマホの影響も大きいと思う。みんな同じ思考回路になって同じ情報を入手している。情報社会だからこそ、人とは違う情報を入手して、人とは違う斬新な発想をしたいものだ。常に世間ですら反面教師だと思って行動するくらいでないと、成熟した市場では事業もスキルも伸びないと思う。

ふつうの営業マンがいきなり人間関係から入ろうとするところを、情報提供から入り、そのうち情報交換するようになった。アドバイスともなれば民法や税法、資金調達などを調べなければならず、自然と知識が身につき、次のお客さまの役に立てるようになる。また懇意になった事業家のお客さまからは商売のノウハウを学ぶこともできた。私とお客さま双方が一緒に勉強してＷｉｎ－Ｗｉｎの関係が構築できたわけである。

その結果、私は年間一〇億円を売り上げ、常にトップクラスの営業マンとしてとどまることができた。自慢話ではない。これも人と同じことをやらず、新しい視点から挑んだ結果できたことだった。そして富裕層へのアプローチはあとに平成建設をつくる源ともなったのである。

お客さまとは対等な立場

営業において、信用のおける人間関係を結ぶということは、売る側買う側という垣根を越えて対等な立場になるということである。

ときどき強引に信頼を得ようとしてお客さまの要望を何でも聞き入れようとする営業マンがいるが、それは間違いだ。人間の能力には限界がある。そのうちに限界に達して「申し訳ありません！　できません！」となれば、お客さまは「私の信頼を裏切った」と不満を抱き、大切な商談も破談になってしまう。

だから私は細かい設計変更の要望を出されても安請け合いせず、正直に「わからないので判断できません」とその場で言う。そして次回の打ち合わせで設計者を同席させて、「できる」「できない」をはっきりさせたものだ。

信用を得るということは、実はそういう誠実さがあって初めて成立するのだと思う。なぜなら、できないことをできると言うのは、お客さまの立場に立たないで、自分だけがいい顔をしようとしているからだ。

そして確かな信用を得たその結果、次は「別荘を建てたい」「結婚する娘のために家を建てたい」などといったリピートの仕事の好循環につながっていくのである。

これは逆の立場であっても然り。我々の話を聞こうともせず、一方的に無理難題を押しつけてくるばかりのお客さまの仕事は、「こちらからお断りしなさい」と指導している。それは営業マンが苦労するだけでなく、設計士も大工も施工職もみんなが苦労することになるからである。お客さまの喜びが社員たちの成長に結びついてこその仕事でなければならない。

また、最初にお客さまが「私の信頼を裏切った」という不満と書いたが、私は信用はともかく、お客さまから信頼を得ようとは思っていない。信用なら単なる実績に対する客観評価なのだけど、信頼ともなれば未来にまで及んで信じられ、責任を負わないといけない。もし期待に応えられない場合、どうしてもお客さまは「裏切られた」と不満を抱くのである。だから私はお客さまから信用は得ても、信頼まで得ようとは思わない。

また新入社員や家族に対しても信頼はしない。なぜなら信頼をして期待を裏切られることもあるからである。

信用なら実績を信じて仕事を任せてくれるということだから重荷にはならない。会社や自分の信用を落とさないように努力すればいい。できないことを無理をしてやろうとしないでいいし、できることをちゃんとやっておけば、お客さまを裏切って不快にさせることもない。

　さて、私がお客さまにお願いしているのは、「お客さまも一緒になって、長い目で平成建設の社員を育ててください」ということである。マニュアルなしの、本当のゼロからお客さまと話し合いながら家づくりをしていくのだから、当然のことながら誤解やすれ違い、回り道もある。そんな平成建設だからこその家づくりのプロセスで起きる様々な出来事を、余裕を持って受け入れてくださるお客さまであってほしい。そうなれば社員たちは成長できるし、やりがいと責任を感じることもできる。私は、社員はお客さまに鍛えられて育つものだと信じている。

　人と人が互いに支え合って育て合う――これが、私がビジネスをやる上での理想型である。どちらかが一方的に主張したり折れたりすることは、調和が取れていないということであり美しくない。美しくないものはどこかがおかしく、間違っているのだと思う。

営業マンとして学んだこと

　飛び込み営業で鍛え、トップクラスの成績を続けていた私にとって、仕事を取ってくる

ことはいくらでもできた。だがそのうち、一つの疑念が頭をもたげるようになる。それは、

「自分の取ってきた仕事は、設計や施工をする人にとって面白い仕事なのだろうか?」

ということであった。つまり、同じ仕事でも挑戦しがいのある仕事のほうがやりがいも出て、楽しく取り組んでくれるのではないだろうかと。

スポーツ選手でも、一分一秒、自己記録を更新するのがうれしいわけである。できる人からしてみれば平凡な記録であっても、自分の記録を塗り替えたことが間違いなく励みになる。だからこそつらい練習にも耐えられるのだ。

どんな仕事でも、何でもかんでも取ってくるというのは、ある意味営業マンの勝手、都合であって、それをもとにものづくりをする人の気持ちは考慮していない。挑戦とは難易度の高い仕事をするということだから、携わる人の腕も上がるし、お客さまに対しても質の高い製品が提供できる。働く人も楽しいし、お客さまのためにもなる。本来の仕事とはこういうものではないかと思う。営業マンを続けながら私はそれを心がけるようになったし、その考え方は今も変わらない。

これは採用においても大切な考え方だと思う。意欲的な優れた人材に来てほしいのな

ら、「この会社なら自分の力を伸ばせそうだ」と、若者に未来を感じさせられる企業でなくてはいけない。

一番ダメなのは――安易な商売をしている会社ほどそうだが――とにかくマニュアル主義だということである。「この通りにやりなさい」と社員に押しつけ、頭を使わせない仕組みをつくっている。

マニュアル化すれば効率化が図られ、派遣社員でもアルバイトでもできる仕事になるから、ローコストでの経営は実現できる。経営者にとってはとても旨みのあるビジネスになる。だがそれが、

「働く人にとっての幸せに結びついているのだろうか？」

と考えるわけである。

マニュアル化とは、決められた通りに動くロボットになれということだ。そんな仕事が楽しいはずがない。しかも単純労働だから給料も安い。経営者は儲かって幸せになるけど、社員は全然幸せではないって、これって果たして仕事と言えるのだろうかと思う。

せっかく神様が人間だけを〝頭の使える動物〟にしてくれたのに、これでは知恵を働かせられず〝人間に使われる人間〟に成り下がるしかない。もったいないことである。だ

が、スキルが必要な職に就けば使われることもない。

平成建設では、社員をマニュアルで縛るようなことは絶対にしない。マニュアルなど通用しない仕事だからだ。それだけに社員それぞれが高いスキルを身につけなければならない。だから私は彼らに、常に挑戦をしてもらえる質の高い仕事をと考えている。「平成建設という会社は自分のスキルを鍛える場だと考えなさい」と、私は社員に言っている。

そして会社に就いているのではなく職に就いているのだから、「嫌になったらいつでも会社を辞めてもいいし、年齢に関係なく仕事ができる。もし齢をとって体が動かなくなったら人を動かせばいいだけの話。会社にしがみついたり、必要以上に頼る必要もない。スキルは武器だ。スキルを身につけた人間は、生き方が自由になって楽しいよ」と言っている。

え？　人材不足だとぼやいているくせに、「いつ辞めてもいい」なんて言っていいのかって？　その点はご心配なく。私は平成建設に自信がある。社員がスキルアップを楽しんでいるうちは辞めるはずもないし、よその会社で当社以上に楽しい会社なんてないと思っているからだ。

仕事から入ると仕事が取れない

「守・破・離」という言葉がある。

茶道や武道、芸術など、日本の伝統文化における師弟関係のあり方を説いた思想で、その道を究《きわ》めるためには三段階の教えを守らないといけないという教えであり、

「規矩作法　守り尽くして　破るとも　離るるとても　本を忘るな」

という千利休の和歌がもとになっている。

この意味は、「教えを守り続けながら（守）、いつしかそれを打ち破り（破）、離れていくことも大切だが（離）、基本精神を忘れてはならない」というものだ。

これは営業にも通じる教えだと私は考えている。ここまで一見異端とも言える営業の方法を紹介したと思われるかもしれないが、私にしてみればまずは基本をマスターした上で自分なりの工夫をしたにすぎないのである。

知らない間にお客さまの懐に入り込んで、いつの間にか大きな契約を取るものだから、

トリッキーな魔法みたいなことをしていると思われたりもしたが、そんなことは一切していない。極めてオーソドックスに挨拶から入り、世間話をして、相手の懐に入り、人間関係を築く。

そのあとはお客さまの要望をただ聞くのではなく、あくまで設計士や大工、職人の能力を伸ばしたり育てるという楽しみを教える。そうなればお客さまにとって多少の問題は問題でなくなってしまう。それがお客さまの要望を聞きすぎると、その流れがつくれずトラブルに見舞われたりするのである。

要するに相手にとってのメリットが明確になっていればいい。

「うちの息子にいいお嫁さんが来ないかな?」と探しているのなら、いいお嫁さんを紹介すれば仕事にも結びつく。

人間だからそうなる。仕事というのは仕事から入ると仕事が取れないのだ。

仕事を中心にしないでまずは人間を中心にして考えるという、常にその基本精神に立ち返ることを忘れてはならないと思う次第である。

第5章

経営者として大切なもの

取り柄に気づき、取り柄を伸ばす

森にはいろんな種類の木々や草花が育ち、動物や昆虫など多様な生きものが調和の中で生きている。平成建設はそんな森だと私は考えている。

鳥は木の実を食べて飛び立ち、種を運ぶ。ハチは花の蜜を吸い、その足に花粉をつけて他の花に運んで受粉させる。多種多様性のある環境は変化に強く、常に新しい自然の循環を繰り返している。会社も同じで新鮮な発想を持ち、それを実行することで時代の変化にも対応し、危機的な状況であっても乗り越えていくものだと思う。

他方、一様に杉や檜を植樹する林は、歳月が経ったら一斉に伐採されるという、生産性だけのために存在している。花粉症を引き起こし、森と違って水を蓄えられないから山崩れも起きてしまう。

どちらが自然と人に良いのか言うまでもないだろう。現代はお金を増やすことを優先して林をつくっているようなものであり、人を育てるための森をつくることが疎《おろそ》かにされていると感じる。

男性、女性、若手、ベテラン。背の高い人、低い人、力のある人、ない人、リーダーシップのある人、優れた技術を持っている人、設計センスのある人、話術に長けた人など、会社の人材はいろいろである。全部が優れたような人はいない。いろんな人がそれぞれの能力を生かせる場を持っていることが大切なのである。

だいたいがオール5などという成績の人はほとんどいない。ほかは1か2でも、一つのことに長けて5をとればいいと思う。そうしてできることとできないことを補い合うチームワークも、平成建設では必要だ。考えてみれば誰にでも一つは必ず取り柄というものがあるはずなのだ。それを生かす生き方をすればいいわけで、大事なのはいち早く取り柄に気づいて伸ばしていけるかどうかだろう。

そしてリーダーは人それぞれの長所や短所、資質を見抜き、適材適所に置くことが重要な役割ということになる。

平成建設では入社する時点において、もちろん成績や面接の評価などもするが、基本的には「こんな人でないと絶対ダメ」という基準を設けてはいない。ただ、これだけはという最低基準はある。

それは以下の五つだが――

- 明るい人
- 楽しい人
- 利口だけどプライドを捨てられる人
- フットワークが軽い人
- コツコツ努力できる人

総じて言えば、最終的には「感じがいいな」と思える人を採用するようにしている。これは営業マン時代からの直感ではあるが、今までにほぼ外したことはない。

創立から三〇年を超えていよいよ私の理想とする森のような組織になってきたと感じる。ただし、多種多様な人材を抱えているということの課題もある。それは幹部の育成である。タブー視されているほどの複雑な組織体制になりつつある今、マネジメントしづらいという点において幹部の育成を強化していかなくてはいけないと考えている。

だが人材育成を本丸としている私にとって、内製化の中で個性を生かして育てる気持ちに一切揺るぎはない。これからもいろんな人材を増やして森を大きくして生い茂らせていくつもりである。

大企業からは人材を引き抜く

会社を立ち上げた頃の悩みはやはり人材だった。そこで私は評判のいい優秀な大工や職人に目をつけるのだけど、露骨な引き抜きはやらない。会って「おう元気か。たまには飯でも行こうや」って感じで、話を聞いてだんだん仲良くなっていく。そして関係性ができてから当社に来てもらった。

大企業は中小企業から人材を引き抜いてはいけないが、中小企業は大企業から人材を引き抜いてもよいというのは私の持論である。大企業が中小企業から人材を引き抜くのは中小企業を弱体化させるだけだからである。

ところが今では、大企業がなりふり構わず平成建設の社員を引き抜くような状態になってきた。アプローチしてくる会社が数多くある。別に仕事ぶりを実際に見ているわけではなく、平成建設に在籍しているからということで引き抜こうとするのである。この現実を見ればいかに建設業界（だけではないが）の人材不足の深刻さがわかるだろうし、同時に当社もブランドとして認知されていることもわかる。

だがほとんどの社員はどんなに条件が良くてもなびかない。大手ゼネコンなどは扱う物件の規模が巨大だから分業主義が甚だしく、その専門分野ごとの深い知識や能力が求められる。だが平成建設ではオールマイティでできることが大事だから、それがわかっている者はいかに報酬が良くても行くはずはない。

そもそもできる人間は待遇の良さだけでは引き抜かれない。常に自分に合った、自らの力を伸ばせる、スキルアップできる仕事を求めて挑戦しているものだ。そのほうが圧倒的に楽しいから。だからできる者は平成建設からは出ていかないのだ。

中途採用もしているが、ときどき向こうから売り込んでくる人がいる。たとえば有名大学・大学院を出て四〇歳で主任となれば、当社では不採用となる。その学歴でその年齢でその地位というのは、チャンスをものにできていないと思うからだ。これが高卒ならすぐに採用となる。

創立30周年記念パーティーで思いを語る中途で入社した社員

中には面接の際「これまで何をやってきたんですか？」と訊くと、「○○会社の部長をやってました」っていう人がいる。こういう方も不採用となる。あなたの仕事は部長になることではないだろうと言いたくなる。スキルをちゃんと積んできた人の答えではない。

私は長年飛び込みの営業をやっていたから、その人となりは見ればだいたいわかる。営業マンの中途採用の面接の場で、面接官をしていた当社の社員が、前職は建築とは違う分野の営業の仕事をしていたが大丈夫か？　みたいな質問をしたから私は叱った。「くだらない質問をするんじゃない」って。なぜかと言うと彼の顔つきや物腰を見れば、これまでどれだけ努力して頑張ってきたかが一目瞭然だったからだ。

平成建設にとって人材がすべてだから、採用には特別な思いがあるし、気を配ってきた。ずいぶん昔の初期の頃は、大学の建築学科に入った学生の実家に在学中の毎年四回（年賀・暑中見舞い・春と秋）挨拶代わりのハガキを送っていた。もちろん直接的に来てほしいなどという野暮なことはしない。そうすると学生が帰省した時など、「平成建設さんに行ってみたら」と親が言うのである。大手のように名の売れていない会社でも、好印象になって愛着を持ってもらえれば大手の何倍もの効果があるというわけなのだ。

人を育てることにお金をかける

コロナ禍以後のことだけど、貧富の格差がどんどん開いていくと思う。コロナ禍であっても株価が優先されて上昇し、一部の人たちだけが潤う。上場会社が本来の上場の目的から外れた上場になってしまう。これは行きすぎた経済であることは間違いない。金儲けの上場ならやめてしまったほうがいい。これはバクチに勝った人が儲けるようなもので、未来永劫続けられるはずもない。

昨今の一部の若い企業家に見られるけど、お金を儲けるために上場することを目的にしている。上場して儲けたその額が企業価値そのものだと思っている。自社の利益とは関係なく、一〇〇億円になったり一〇〇〇億円になったり、ちょっと売ってまた一〇〇億円を手にするというのはどう考えてもおかしい。

それはギャンブラーの世界だ。一〇〇億円持っていれば、数百億円もの戦いができる。かたや貸したほうは利息を取っている。ギャンブルをやる人間にとっては五、六パーセントの利息など安いものである。

たとえばパチンコをやって高い金利でお金を借りる。一日借りるだけだと思えば利息を高くは感じない。給料をもらったその日に借金を返して、その日にまた借りる。そうやって最後までずーっと繰り返し借りている。最後にパンクするまで……。これがギャンブラーの実態だが、その路線を経済世界が歩みつつある。

お金持ちがよりお金持ちになって、他の人たちが搾取されている。直接的に搾取されているわけではないからそれを感じないだけだ。先進国にいる人のうちの九〇パーセント以上が前よりも経済状態が悪くなっていて、わずか数パーセントの人たちが特別に良くなっていく。今もこれからもその状態が続くだろう。

「金を残して死ぬ者は下、仕事を残して死ぬ者は中、人を残して死ぬ者は上」という、後藤新平の言葉を思い出してほしい。残すものがお金であれ、仕事であれ、人であれ、これはちゃんと働いた上での話で、濡れ手で粟のような状態のことではない。

また二宮尊徳はこう言った――

「道徳なき経済は罪悪であり、経済なき道徳は寝言である」

ただ単に合法的だからと言って金を儲ければいいという話ではない。人のために汗水垂らして得た一万円と、搾取して楽をして得た一万円とでは価値が全然違う。こっそり抜け道を見つけて得たようなお金ではなく、真っ当な正しい道を歩んで得たお金であってほしい。捕まらなければ何をやってもいいというのではいけない。

こうした不公平・不公正な経済システム、世の中を何とかするためにも、経済を循環型にすべきだと思う。一方で大量のゴミを出しておいて、そのツケを若者に回して将来において高いコストを払わせて損をさせるようではいけない。

私の経営に対する考え方は、みんなが大儲けはできないけど、楽しく働けて、ほどほどに充実できる人生が送れればいいというもの。もちろんそれは尊敬される職業であり、誰かが大儲けしたり、誰かが大損するような職業ではない。

でも今の経済状況はその逆をいっている。コロナ禍の中で、好条件の就職ができなかった人が大きな打撃を受けている。切り捨てられやすいところから切り捨てられるという、特にサービス業や派遣の人たちが立ち行かなくなっているのが現実だ。つまり、スキルがなくてもできる仕事にしわ寄せがいっていると思う。

だからこれからは、スキルを身につけられる仕組みをつくるべきだ。しかもそれは経済力のない学校の責任ではなく、企業の責任としてやらなければと思う。こういう社会貢献によって企業が還元するべきなのだ。それは私が口を酸っぱくしてずっと前から言っているように、「人を育てることにお金をかけよう」ということ。企業は配当を多くしたり、株主のためだけに働くことはやめるべきだ。

企業価値というのは人材価値だ。仕組みの価値であって株価の価値ではないのだ。それが株価の価値になっているから世の中もおかしくなってしまう。

循環型企業になるということは、ものを大事にしていくということ。いい材料を使っていい腕でつくり、長く使う。大量消費型ではなく、すべてにおいてゴミを減らそうという考え方をしないとダメだと思う。でも、今の経済発展のペースから言えばそれは相当遅い。資源というものは必ず枯渇するからだ。しかも人口はどんどん増えてくるからより資源が必要になってくる。今の七八億人から一〇〇億人超になったらどうなるか。食糧不足、水不足などが起きて、争奪戦が始まる。だから、どうしても循環型企業の必要性が高まってくる。

だいたいアメリカのような大国が金儲けの政権になっている以上は、人を育てる視点には立たないだろう。金持ちを優遇することで選挙を有利にしようとしている。それを見習う国々も方向性がずれてくる。先に始めた強い国が世界経済を支配して、あとから参入したところは搾取される。それがマネー経済である。いわゆるストック経済だけど、いい例が株だ。通貨にしても強い通貨はより強くなり、弱い通貨はより弱くなっていく。最近では、よりわけがわからないビットコインみたいなのが出てきた。これはマネーゲームのなれの果てではないのか。

でもそれに反発して、抵抗して、私たちにとってはそんなものと関係のない世界でやっていきたい。少なくとも「平成建設という国」に住む私たちは、まったく別の価値観で生きていきたい。そうでなければ創業した意味、テーマに反するから。

人の心が金で買われている

近頃は価値観の多様化ということで、いろいろな考え方があっていいし認め合おうということがよく言われる。一つの考え方でないとダメだ、一つにしろというのは人権を無視した間違った危険な思想だというのは周知の通りである。

政治や企業も寡占化、独占化させないことが大切だ。そうなると方向づけが一緒になり、少数派は疎外され、搾取されて健全ではない危険な事態に陥る。

企業の現場で言えば、寡占化されたことで大企業を超えて大大企業になってしまっている。ＧＡＦＡ（グーグル・アマゾン・フェイスブック・アップル）がいい例である。もともと寡占化しやすい業種なのはみんなが危惧していたことだ。一人で通常の何十倍もの仕事ができるのだから。

ところが明らかに独占禁止法に触れているのに誰も止めようとしない。何十倍ならまだしも、人の何十万倍、何百万倍、何億倍の仕事をして、利益を上げて儲けてどうしようというんだ？　そんなに飯は食べられないだろう？　累進課税にして、相続税を九五パーセントにすれば、みんな寄付するようになるからいいけど、アメリカが絶対にやるはずもない。選挙の票を金持ちに委ねているからそれはあり得ない。

通信会社は寡占化によって価値を高めているが、もしあれが一社に独占されたら、やりたい放題でとんでもないことになる。アマゾンにしても他の流通がガタガタになってしまう。だからそこに政治がメスを入れるべきで、解体しないと再生はない。日本でも戦後、アメリカによって財閥は解体された。これで新たなチャレンジャーが生まれるということになった。でかい会社を壊すことはいいことなのだ。

日本は中小企業のおかげで支えられている、日本の中小企業はすごいって言われるけど、バカなことを言うなと言いたい。中小企業のいいところを食いつぶした大企業がおいしい思いをしているだけだ。

ほとんどの大企業は寡占化していくのが仕事で、そうすることで大企業になっているのに、競争原理の論点をずらそうとしているとしか思えない。社長は一〇〇人いるより一人のほうがいい。一人だから一〇〇倍取れる。社長の数は少ないほうがいいが、その代わり部長が割りを食うのである。そういった世界だから、これから日本の中小企業が一〇〇年続くとはとても思えないのである。

ヨーロッパなどでは一〇〇年続く中小企業がたくさんある。だが日本の場合はそれがやりづらい。日本では長寿命企業が多いということも言われてはいるが、その多くは同族経営の会社がなんとか続けているにすぎない。それも業種が限られ、飲食関係が圧倒的に多い。

工業系は担い手が少なくて、結局は職人世界になる。経済的にやっていけないので魅力に乏しい。跡取りが大学に行って後を継がないようにもなった。工芸品などでも生産性が低いから、工業化して機械につくらせたほうが儲かるということになる。機械の精度も上がってきて職人の腕と変わらないようになるとなおさらだ。職人とは工業化との戦いだ。こんなふうに伝統を引き継いで続ける職人の世界ですら、持続が困難な状況に陥っている。

大量消費のものづくりの世界はいずれゴミになるもの、環境には悪影響を及ぼすものを生み出している。つくっているのは職人ではなく作業員である。その人たちもゆくゆくは機械やＡＩに取って代わられる宿命にある。

だがこの現状を、指をくわえて見ているわけにはいかない。だから私は正しい価値観で仕事を始めるために大工や職人を内製化する平成建設をつくったのだ。人材が主役の会社をつくり、発展させ、有為な人を世の中に生み出すこと、それがひいては社会のためになること、未来につなげていくこと、それが私の最大のミッションだと考えている。

とにかく、端的に言えば、人の心がお金で買われるようになったら終わりだ。そんな世の中にならないようにしたいってことだ。

グッドデザイン賞

就職活動中の学生たちの面接をする時、木目を生かした大きな一枚板のテーブルを囲んでやる。その時私はテーブルを見ながら彼らにこう訊くのだ。

「今は車の内装とか木目調のプリントを生かした製品が多いけど、なぜ木目なんだと思う？」

するとある学生は、

「安くできる」と答える。

またある学生は、

「高級そうに見えるから」と答える。

私はそのいずれも「違う」と言う。

なぜ木目なのか？

それは素晴らしいデザインだからである。自然がつくったデザインの最高峰だと思う。人間がつくるデザインはいまだにかなわない。これが事実なんだ。自然がつくるデザインだ。だから見た目だけは同じの偽物、プリントであっても代用している。これが現実だ。

自然の美しさに勝るものは世の中にはない。

私はその自然の美に少しでも近づける仕事をしたい、自然の美を再現して、しかも機能的だという、人々の生活に寄与したいと考えているし、平成建設はその可能性を秘めていると信じている。

『グッドデザイン賞』というものがある。デザインによって暮らしや社会をより良くしていくための活動で、貢献しているとする製品・建築・システム・サービスなど、有形無形問わず、あらゆるものを対象に顕彰する六〇年以上の歴史を誇る制度である。シンボルマークの〝Gマーク〟を見れば「ああ、あれか」とおっしゃる方もおられるかと思う。

その賞を平成建設は二〇一一年以来、一二度受賞している。

住宅では——『大正浪漫邸宅』(二〇一一年)、『平成建設　世田谷支店』(二〇一五年)、『未来のまちに贈る家』『ほとりの家』(二〇一八年)、『住み継ぐ「大町の家」』(二〇一九年)、『熱海の別荘「一休庵」』(二〇二〇年)などがある。

建築製品や技術では——『S+Wハイブリッド耐震パネル』(二〇一三年)、『不燃材への漆塗技術』(二〇一七年)、『手すり[七曲]』(二〇一七年)などがある。

そしてこれらの受賞の原点となったのが、『職人大工集団を主体とした平成建設の内製化システム』(二〇一一年)なのである。

2021年グッドデザイン賞受賞「Frame(コミュニティ付き賃貸集合住宅)」

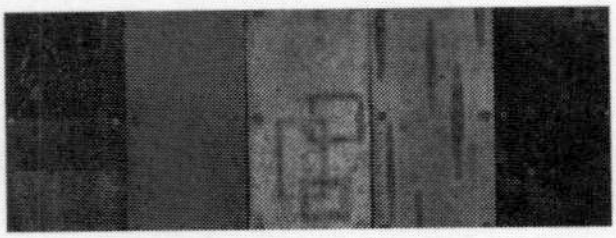

GOOD DESIGN AWARD 2017
内装
不燃材への漆塗技術

現在の漆市場は、安価な海外製品やユーザーのライフスタイルの変化などにより縮小の一途を辿り、後継者不足にも悩まされています。この状況を打破するべく、平成建設では不燃材に漆を塗布する技術を開発。漆塗りに建材・内装材としての新たな可能性を見出しました。

GOOD DESIGN AWARD 2017
インテリア
手すり[七曲《ななわた》]

木の手すりを曲げる場合、ブロック状の木材を成型して製作することが一般的ですが、それでは切断面で木目が途切れてしまいます。「七曲」は、厚さ1mmの単板を手すりの形状に合わせて積層することで、途切れない一続きの木目と変幻自在な曲線を生み出し、高級材「四方柾目」の木目を再現しています。

GOOD DESIGN AWARD 2018
新築住宅
未来のまちに贈る家

将来的に建物を次世代の地域コミュニティに受け継いでもらいたいという想いが結実した住まい。地域に愛され長く使い継がれるよう、汎用性の高いレイアウト、地域の産業・文化を活かした建材を採用し、環境にも配慮しています。トドマツの間伐材を用いることで、地元林業の興隆にも貢献しています。

GOOD DESIGN AWARD 2018
新築住宅
ほとりの家

年を重ねるにつれ社会や人との繋がりが希薄になり、「生きがい」を失ってしまう高齢者は少なくありません。ほとりの家は、ご夫婦の終の棲家の一部を地域に開放することによって、新たなコミュニティを自宅の中で築いています。超高齢化社会を前に新たな「家」のあり方を提案しています。

GOOD DESIGN AWARD 2019
新築住宅
住み継ぐ「大町の家」

古民家で使われていた柱や梁・建具を10棟以上から集め、新しい古民家として再構築しました。日本古来の設計力と職人の技術力で膨大な数の個性的な古材を組み上げ、元々そこにあった古民家のような佇まいとしました。日本の木造建築の長年住み継げる構造と、それを作り上げるための技術力を感じていただけたらと思います。

GOOD DESIGN AWARD 2020
新築住宅
熱海の別荘「一休庵」

多忙な日々の疲れを癒すために建てられた別荘。雁行配置によって居場所となる全てが「オモテ」となり、それぞれの部屋から性質の異なる風景を取り込んでいます。都会の喧騒から離れ、静寂な時間を過ごすための空間となっています。

GOOD DESIGN

平成建設 グッドデザイン賞受賞歴

平成建設

GOOD DESIGN AWARD 2011
建設業におけるビジネスモデル
職人大工集団を主体とした平成建設の内製化システム

平成建設では自社で職人を育成し、職人集団を形成しています。この熟練度・年代を網羅した複層的な職人集団は、職人間の技術の伝承、鍛錬、高い品質の建築を可能にしました。この仕組みは、現在の建築業界の元請けと下請けに分離し、職人の仕事がアウトソーシングされている現状に一石を投じました。

GOOD DESIGN AWARD 2011
新築住宅
大正浪漫邸宅

古材を構造ではなく意匠として取り入れることで、古い材を有効活用し、スクラップ＆ビルドの世界を脱した「再生・循環」を目指した新築住宅。優れた材を後世に残すための取り組みです。

GOOD DESIGN AWARD 2013
建築構造
S+W ハイブリッド耐震パネル

耐火建築物でも木の質感を実現できないかという視点から開発を行いました。また普及を目指すために、施工のしやすさ・工期の短さ・耐震性も同時に検討を重ねています。様々な構造、構法、材料を検討した結果行き着いたのが「鋼」と「木」の特長を生かしつつ相互に補完しあうこのシステムです。

GOOD DESIGN AWARD 2015
商業施設
平成建設 世田谷支店

建築にサステナビリティを求める時、多くは高コストで誰もが採用できるものではありません。平成建設世田谷支店は、誰もが施工可能で汎用性のある「在来工法＝ローテク」を主軸に、建築におけるサステナビリティについて独自の解を採用しました。

GOOD DESIGN AWARD 2015
BEST 100

GOOD DESIGN AWARD 2015 BEST 100
新築住宅
木のカタマリに住む

市場に流通せず廃棄されるだけだった低市場価値材を構造面、意匠面から見直し、新たな価値を見出した住まいです。

平易な工法を採用し中小企業へ新規参入のチャンスを示すと共に、エネルギーを無駄なく段階的に活用できるシステムを導入し、様々な面からサステナブルな社会を実現する提案が含まれています。

考えてみれば、内製化システムこそが私にとっての〝自然美〟であるのではないか。そんなことも考える次第である。

事業をバクチ化してはいけない

創業して三二年が経った。それは同時に、私が社長となって三二年ということでもある。ワンマンにはならないように配慮してやってきたつもりだが、長年にわたって社長業をやっていると、社員たちに対する影響はどうしても強くなってしまう。

特に幹部社員が私の言葉そのままを若い社員に伝えたりした時、幹部社員自身の考えはないのかと不満を抱かれてしまう。だがそれは私が長年トップとして引っ張ってきたゆえのことで、ある意味仕方のないことでもある。社長後継者、次世代の経営幹部を目指す人材を考えた時、切磋琢磨するその環境が十分に整っているかと問われれば、ウンとは言えない。

私がここ数年出社しないでブラブラしているのは、仕事を任せて後継者を育てるということがある。また、外から会社を眺めて、自分がいない会社組織がどうなるのかを見守り、その時期が来れば後継の社長にバトンを渡そうと思っている。

人によっては「息子さんに継がせる気はないんですか？」と言う人もいるが、私にはそのつもりはさらさらない。ただ、身内であっても会社には入れる。あくまで実力次第、能力次第だと考えている。だからこそ「チーフリーダー制度」「三六〇度評価制度」といった人事評価制度を採用しているのだ。これがなければ社長の息子ということでゴマをする奴もいるだろうし、上司なら過大な評価をするかもしれない。

いい会社というのは伝統的にチャレンジ精神やパイオニア精神、しかも儲け主義でない文化的要素を社風として持っていると思う。ソニーやホンダがそのいい例である。そこには〝ものづくり〟を通して、創業者の血が脈々と受け継がれて流れている。問題は創業者がいなくなったそのあと、誰が中興の祖として出現するかということだろう。

経営者にはアイデアを出すことが要求される。創業者も中興の祖も、アイデアを駆使して業績を伸ばしてきた。そういう意味においてはこれまで私が圧倒的にアイデアを出してしまっているから、いいアイデアが出にくい環境にあることは確かだ。仕事も勉強もできる者は結構いるけど、アイデアを出せる者がなかなかいない。

ただ私に言わせれば、アイデアの出ていない会社だらけ、だ。大企業にしても今は一部の社員たちが出したアイデアに頼って何万人がついていくだけ。しかも出てくるそのアイデアというのは特別でもないし、自分の会社独自のアイデアでもない。ただ社会一般のアイデアにすぎない。

アウトソーシングがそのいい例である。この変化の激しい時代に対応するため、企業が自社の業務を外部の専門業者に委託して、分業化、スピード化、効率化を図る。人を育てる時間がもったいないからとみんながやり出した。その結果、技術力の低下を招き、大工が絶滅の危機にさらされている。また分業化が進んだことで、最初に仕事を請け負った会社だけが儲かるという、格差社会を生み出している。人材に特化しない経営の結果が社会の歪みをつくっているのである。

いわゆる〝選択と集中〟もそうだが、そこに人はいない。事業をバクチ化しているだけのことである。儲かる時はメチャクチャ儲かるが、失敗すれば東芝やシャープのようになってしまう。トップのマネーゲームで会社を破綻させられては、社員はたまったものではない。

それもこれも時流に乗るというアイデアであって、社長自らが生み出したオリジナルのアイデアではない。それは他人事の、リスクを負わないアイデアだ。

私は平成建設を社長ではなく〝社員やお客さまが主役〟の会社にしたいと考えている。だが現実には、先に書いたように株主や経営者を優先している会社のほうが多い。特にアングロサクソン型の経営が日本に入ってきてからは、株主が一番だ。経営者は株主の意向に沿った経営をして、社員やお客さまは株主や経営者が利益を得るための手段になってしまっている。

これでは絶対にダメだし、間違っていると感じる。私は創業以来、社員やお客さまが主役になるようなアイデアを出し、戦ってきたと自負している。だから平成建設の後継となるトップや幹部たちにも、その血を受け継いでいってほしいと願うばかりである。

芸術をめぐって

私は若い頃から芸術が好きである。

中学時代にはすでに美術雑誌『アトリエ』や、当時で五〇〇〇円ほどもする『美術年鑑』を購読し、画も描いていた。だがそのあとは前に書いた通りウエイトリフティングに明け暮れて、しばらく芸術とは離れていた。

それが営業マン時代に知り合ったお客さまの中に美術品のコレクターがおられて、いろいろな話をうかがったのだが、作品の良さがよくわからず、恥ずかしい思いをした。同時に芸術に対する興味が復活したのだった。

そこから営業にも生かせるだろうし、趣味と実益を兼ねて美術館や骨董商を回り、美術品の勉強を始めた。いわゆる審美眼をそこで身につけたのだけど、とりわけ魅入られたのは陶磁器や漆器といった分野で、後年、生活に余裕ができてくると趣味で集めるようにもなった。

今の日本の人たちは昔からある日本の画や工芸品の価値をもっと知るべきだと思う。あんなに繊細に描いたり、細かい細工をするという面倒くさいことができるのは日本人だけである。

日本人は世界一面倒くさいことが好きな人種だと思う。面倒くさいことをやるのは大変だけど、避けていたら面白くないし、いいものはできない。あの有名なダ・ヴィンチの『モナリザ』だって線画ではなく点描画なのである。あれほどの天才でも面倒くさいことをやるのだ。面倒くさいことをやって、簡単にできるようになったら、さらに面倒くさいことを目指してチャレンジして、素晴らしい作品を生み出してきたのが日本人だと思う。

それなのに、日本人の美術品の美しさに驚嘆し、発掘するのは外国人が多い。たとえばジョー・プライス氏などは、当時は価値をほとんど認められていなかった伊藤若冲の画に魅せられ、それ以来日本の絵画の収集家として世界的に有名な人物になった。

余談になるけど、明治時代、日清戦争や日露戦争を始める時、日本には軍艦や大砲といったものを買う資金がなかった。そこで資金の足しにと浮世絵や金工品や工芸品などを外国に売ったのである。今でもそうだが、それくらい外国では日本の美術品は相当の高値がついた。

また過去の実業家の中には大倉喜八郎（大倉財閥の設立者）や野村徳七（野村財閥の設立者）など、巨額を投じて日本の美術品を収集し、美術館に所蔵することで海外に散逸することを防いだ人は数多くいる。

私も日本人として昔の工芸品の技術のすごさ、美しさを伝えたいと思い、微力ではあるけれども、所蔵している絵画や陶器などの一部を、社屋の玄関フロアに展示したりしている。

それにしても、プロの芸術家として生活が成り立つのは本当にごくわずかな人だ。それだけ競争率が激しいということもあるが、いいものはできるだけ世の中に認めてもらって、優れた芸術家が一人でも多く育ってほしいと思っている。

建築家は芸術家でもあるが、いつの間にか芸術家のほうが貧乏人ばかりになって分離してしまった。

寺社や城でも皇居でも建築様式も内部の襖絵にしても工芸品にしても、日本各地に芸術がある。かつては一般の日本家屋の中にも床の間や襖絵、欄間などの芸術があった。

そして住んでみて自然を肌で感じられるのも日本家屋の為せる芸術だと思う。光と影や風、暖かさや寒さ、水の流れや木々がそよぐ音を五感で感じる。自然と一体化する繊細な感覚を味わえる。

だが、それらが化学化や機能性が優先されるなどしたために、何もない味気ない家になってしまった。芸術が日常生活から大きく切り離され、自然を感じることもなくなってしまった。

こんな状況では芸術家が食えるはずもない。だが間違いなく、建築分野における芸術的感性は必要不可欠なのである。


日本の芸術は世界に誇れるのに、それをしないのは、日本人そのものの芸術的感覚が鈍ってきているせいかもしれない。

子どもの頃からファーストフードばかり食べていれば、当然味覚が劣化する。若いうちから本物を見るという目、審美眼をもっと養うべきだと思う。本物の芸術――絵画や文学や音楽、もちろん建築も――に数多く触れて、芸術的センス、感性を磨くことは人生を豊かにすることでもある。

平成建設ではかねてから採用も含めて、東京藝術大学との交流を深めてきた。そして彼ら彼女らの芸術にかける情熱に応えるべく、二〇一五年から毎年『平成藝術賞』として、日本画・油画・彫刻・工芸・デザイン・建築・先端芸術表現・芸術学の八分野において、優秀な学生への奨学金制度を設けた。

東京藝術大学は特別狭き門で、平均が四浪という強者が揃っている。たとえば画においては幼少の頃から神童と呼ばれるような才能のある学生がゴロゴロしているのだ。だが四浪というリスクを背負ってでも芸術の世界で生きていこうとする彼ら彼女らの将来は、決して明るいものばかりではない。先にも書いたがほとんどの人が食えないで、望まない就職をしているのが現実だ。

だからというわけでもないのだが、私は個人的にこれからの若い芸術家の具体的な手助けもし始めている。

私の自宅敷地内に寝起きのできる数軒のアトリエを建て、住み込んで絵画や工芸品などを創作できる芸術家村をつくり始めた。これにより将来を期待される若手芸術家たちが、

芸術家村の風景と内部

自然豊かな環境の中で創作に専念できるわけである。芸術家同士のコミュニティ、交流の場としてもいいのではと考えている。

今私が住んでいる静岡県には美術館が少ない。こうした芸術的環境が広がり、たとえば神奈川県の箱根のように美術館が多くできて観光地化につながれば、市や町、地域にも貢献できていいのではないかと思っている。

これも人を残す――芸術家も大工や職人と同じく、育て、残す――ことであり、私の大切な仕事の一つだと思う。

さて、言い忘れていたが、何を隠そう私も芸術家なのである。

そう、平成建設という名の作品をこしらえ、世に広めている。つまりは、平成建設が芸術であり、仕事が芸術なのだ。もっと言うなら、人材だって芸術だと言えよう。そして常にチャレンジしていることだって芸術なのだ。

それくらい私の人生は芸術に彩られているってことだ。

ゴミは宝の山

今でこそ少なくなったが、かつては社内で掃除をして、ゴミの始末をよくしていた。ゴミの中には大事な情報がいくつも詰まっている。社員によっては社長自らが率先してやっているのだから、自分もきちんとしなくてはいけないと襟を正したなんて言う者もいるようだが、私がゴミを片付ける理由は、そんな率先垂範みたいな道徳的なことではまるでない。

たとえば一流レストランというものは、皿洗いをアルバイトにやらせないで、シェフや支配人といった責任者がやるものだ。その理由はゴミの中に、お客さまの不満を見つけるためである。たとえば食べ残された海老が一日で一〇本も出てくれば、味に問題があるということになる。これが一、二本なら体調の悪いお客さまがいたのだという程度で済むかもしれないが、一〇本ともなれば料理に不満があるに違いない。

これと同じで社内のゴミを覗くと、どんな状況で仕事をしているのかがわかるのである。まだ使えるものが混ざっていたり、道具が入っていたり、バタバタ慌てて仕事をしていればそうなってしまう。

もちろんまだ使えるものを捨てるのはもったいないし、捨ててはいけないものが入っていれば環境にも良くない。人間が不要としたものだからこそ、その中に真理を見出すのかもしれない。

大工仕事と環境保全

環境問題といえば、本来は大工の仕事ほど環境に良いものはないのである。

私が腹立たしく感じるのは、日本の山林の荒廃が著しいことだ。

その昔の大工は家を建てる時、山へ行って木の一本一本を見ながら選定し、「この木はあと一〇年寝かせておいて」と木こりに指示を出していたものだった。また、「この枝を切り落としておいて」と枝打ちの指示もしていた。

枝打ちしないと節ができてしまい、木としての値打ちがなくなってしまうからである。

枝は一度切り落とせば二度と生えてくることはない。切った部分には肉がついて節がきれいに隠れる。だから早いうちに枝を切り落としておけば、節のない美しい木に育つ。節のない木というものは、数寄屋造りや和室によく用いられるのである。

鬱蒼《うっそう》と生い茂る枝を切り落とすことで、地面にまで陽が射し、下草が育って雨が降っても土が流されにくくなるという効果もある。だが今は枝打ち剪定《せんてい》や透かし剪定をしないから、下草も生えず虫や動物も生きられない山になってしまった。

日本は戦後、森林保護のために建物の非木造化、鉄骨化を推進した。また、木材の輸入を自由化するなどして安価な海外の木材が使われるようになった。日本の木を使わなくなれば木こりは必要なくなり、製材業が廃れてしまうのは当然のことだ。

そのために間伐されることなく放置され、荒れ放題になる山林が増えてきた。そうなるとお互いの木が成長を邪魔し合い、根を十分に張ることができなくなる。保水するはずの土壌の能力が低下し、土砂災害にもつながる。また、木が成長しきってしまうことで二酸化炭素を吸収する機能が低下し、それより放出する量が上回ってしまう。だから、木というものは自然の循環に従って、適度に使わないといけない。

腹立たしいと書いたが、誰が山林をこんな姿にしてしまったかということ。いろいろな原因はあるが、建設業界の罪も大きいと思う。業界全体が安価な木材を海外に求めて海外の山を裸にする一方、日本の山林を荒廃させてしまったのである。

ウッドショックによって日本の木が見直されるかもしれないが、木を見極める肝心の大工が衰退しているとあっては、今度は過剰に木を伐採し始めるのではないかと私は危惧している。

それは言い換えれば、大工は山林が荒廃しないよう、自然環境をも守る役割も担ってきたと言えるのではないだろうか。

自分の墓づくりで技術開発を

自分の墓をつくった。

たまたま空いた墓地があるからと、ある人から勧められて譲り受けたのである。断っておくが終活などするつもりはさらさらない。

ただ「これで何か面白いことができるゾ」とピンときたのだ。

ちょうど自宅の庭には手頃な石がゴロゴロしている。「いっそ立派な石棺をつくってやろう」と目論んだ。

そこで実益もかねてと、社員たちを集めて地形を生かした石棺をつくったのである。これで石積みの勉強になるわけだ。次いでその技術を生かして新社屋の玄関前に石垣をつくった。訪れる方からも感心されるなどして、いい勉強になったと思っている。

とにかく何ごともやってみるものだ。やってみないと何ごともわからないし、面白くない。私にとって生きるということは、行動すること、チャレンジし続けるということだけど、それは同時に考え方や技術を伝えることだと言い換えてもいい。

大工の仕事はそうやって古来から脈々と受け継がれてきた。神社仏閣や城、茶室など、巨大で精緻で堅牢で美しい数々の建物に挑み、その技と心を現代に残している。コンピューターや建設機械もない中で、生身の人間たちが協力し合い、知恵と工夫でつくりあげたのである。

権力者の命令であったから、命がけであったことは想像に難くない。まさにチャレンジャー精神の塊であっただろう。いや、チャレンジするしか生きる術がなかったのだ。こういう生き方を死ぬまでできたら本望だ。

「死ぬまでチャレンジだ」と言っている私が墓づくりにチャレンジした。

こんなに愉快で楽しいことはないと思っている。

おわりに

現代社会は競争が激化したトーナメント形式のように感じる。勝者は一人、敗者は多数という構図が、様々な場面で見られる。トーナメント形式だから人は失敗することを恐れるようになっている。

それならば、と私は考える。トーナメント戦の競争ではなく、リーグ戦のような競争環境を提供することで、失敗を恐れずに総合的に評価される世の中を実現できるのではないかと。

何度だってチャレンジして、失敗して、また立ち上がり、チャレンジする。こうして人間は成長していくのではないだろうか。敗者復活戦でもいい。そんな経験を積んでいく中で、本当の生きる喜びや楽しさを知るのだと思う。

要するに人間はあきらめないことが大切なのだ。やり遂げるまでやり続ける。あきらめた時は終わる時だ。死んだらそれで終わりだけど、最後までやり続ける。

それが人生では勝利者の勲章だと思う。

一回負けたら終わりだというのは人間的ではない。人間を捨てたやり方だ。


でもあきらめないで続けるのは、まだ二番目の勲章だ。

やはり最高の勲章とは、どれだけ人を育てたかで決まる。

つまり、後藤新平の「人を残して死ぬ者は上」である。

だが今の時代、どれだけ多くのお金を持っているかが価値基準となっていて、特に若い人たちの間で拝金主義のような人物が崇め奉られるようになった。そしてどれだけ儲かる仕事なのかが一番の興味に変わっていった。

それは戦後の日本が高度経済成長期からずっと、お金儲けに奔走してきた延長線上にある価値観なのかもしれない。過剰な工業化、効率化、スピード化によって人がないがしろにされ、一つの部品として扱われ、株主や経営者だけが儲かるというシステム——

だから私は人を一番大切にする、人間が人間らしく働ける、平成建設という会社を立ち上げた。

平成建設の優秀な大工集団

もし仕事が趣味だったら人生は間違いなく楽しくなって潤う。しかもその職業がずーっと続けられたらどれだけ幸せだろう。スポーツなどは、職業として、趣味として面白いし楽しいだろうけど、プレーヤーとしては一生続けられない。

だから自分が長く働ける、長く趣味の続けられることをしたほうがいい。そのために若いうちに努力をするべきだと思う。会社に入ることを目的としないで、会社員にならないで、スキルを身につけることを目的にしてほしい。

大工や職人なら六〇歳、七〇歳、八〇歳と

死ぬまで楽しく働ける。死ぬまでチャレンジできる。そうした人生の喜びを一人でも多く味わってほしいと私は思いながら、これからも人を育てていきたいと考えている。

秋元久雄

二〇二一年一〇月

〈著者紹介〉

秋元久雄（あきもと・ひさお）

株式会社平成建設代表取締役社長。
1948（昭和23）年静岡県伊豆市修善寺生まれ。静岡県立韮山高校卒業後、自衛隊体育学校入学、ウエイトリフティング選手としてオリンピック出場を目指す。その後、大手デベロッパー、ハウスメーカー、地元ゼネコンでトップ営業マンとして活躍。1989（平成元）年、静岡県沼津市に株式会社平成建設を創業。一流大学・大学院卒の学生を大工や職人として採用、自社で育て、建築のすべての主要な工程を内製化するという業界の常識を覆す試みに挑戦し続けている。

写真提供——平成建設

平成建設URL —— https://www.heiseikensetu.co.jp/

大工のすすめ

楽しく働き続ける、それが人生の成功者

2021年12月2日　第1版第1刷発行

著　者　秋元久雄
発行者　村上雅基
発行所　株式会社PHP研究所
京都本部　〒601-8411　京都市南区西九条北ノ内町11
マネジメント出版部　☎075-681-4437（編集）
東京本部　〒135-8137　江東区豊洲5-6-52
普及部　☎03-3520-9630（販売）
PHP INTERFACE　https://www.php.co.jp/
組　版　有限会社メディアネット
印刷所　図書印刷株式会社
製本所　東京美術紙工協業組合

ISBN978-4-569-85056-6